Katrin Schüppel

Die Pinguin-Werkstatt

Nach der neuesten Fassung der Rechtschreibregeln – gültig ab August 2006!

www.verlagruhr.de

Verlag an der Ruhr

Impressum

Titel: **Die Pinguin-Werkstatt**

Autorin: Katrin Schüppel

Illustrationen: Katrin Schüppel

Druck: Druckerei Uwe Nolte, Iserlohn

Verlag: **Verlag an der Ruhr**
Alexanderstraße 54 – 45472 Mülheim an der Ruhr
Postfach 10 22 51 – 45422 Mülheim an der Ruhr
Tel.: 0208/439 54 700 – Fax: 0208/439 54 239
E-Mail: info@verlagruhr.de
www.verlagruhr.de

ISBN 10: 3-8346-0197-7 (bis 12/2006)
ISBN 13: 978-3-8346-0197-1 (ab 2007)

geeignet für die Klasse 1 2 **3** **4** 5

Ein weiterer Beitrag zum Umweltschutz:

*Das Papier, auf das dieser Titel gedruckt ist, hat ca. **50% Altpapieranteil,** der Rest sind **chlorfrei** gebleichte Primärfasern.*

Die Schreibweise der Texte folgt der neuesten Fassung der Rechtschreibregeln – gültig ab August 2006.

Inhalt

Pinguine allgemein

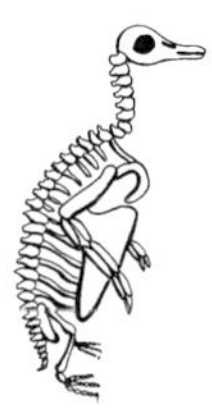

Einordnung und Pinguinarten

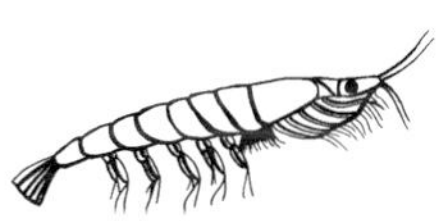

Lebensweise von Pinguinen

Mensch und Pinguin

Vorwort

Faszination Pinguine

Pinguine sind zweifellos die Vögel, die bei uns die meisten spontanen Sympathien auslösen. Nicht nur auf Grund ihres äußeren Auftretens, mit dem leicht tollpatschig anmutenden, zweibeinigen Gang, drängen sich Vergleiche mit dem Menschen auf. Auch in ihrem Verhalten lassen Pinguine manche „menschliche" Tugenden und Laster erkennen. Besonders der aus dem Film „Die Reise der Pinguine" bekannte Kaiserpinguin verdient unsere Bewunderung. Unter den extremen Bedingungen des antarktischen Winters müssen Männchen und Weibchen äußerst teamfähig und verlässlich sein, um ein Küken auszubrüten und großzuziehen.
In dieser Werkstatt lernen die Kinder die verschiedenen Aspekte des Pinguindaseins kennen: Sie erfahren etwas über die erstaunlichen Fähigkeiten, dieser an die Bewegung im Wasser und an das Überleben in der Kälte angepassten Tiere. Sie lernen, dass Tiere und Menschen sich, auf Grund ihrer gemeinsamen Natur, ähnlicher verhalten, als man gemeinhin denkt, und setzen sich mit dem Verhältnis zwischen Mensch und Pinguin auseinander.

Aufbau der Werkstatt

Die Werkstatt ist in vier Kapitel gegliedert. An den Kapitellogos ist erkennbar, welchem Thema das Angebot zuzuordnen ist. Die Werkstatt ist zu umfangreich, um sie als Ganzes zu präsentieren. Daher sollte stets eine Auswahl nach Thema, Interesse und Leistungsfähigkeit der Klasse getroffen werden. Des Weiteren ist die Werkstatt fächerübergreifend. Sie enthält Schreib- und Erzählanlässe, Spiele, Rechenaufgaben, Zeichen- und Bastelarbeiten, ein Lied und ein Backrezept.

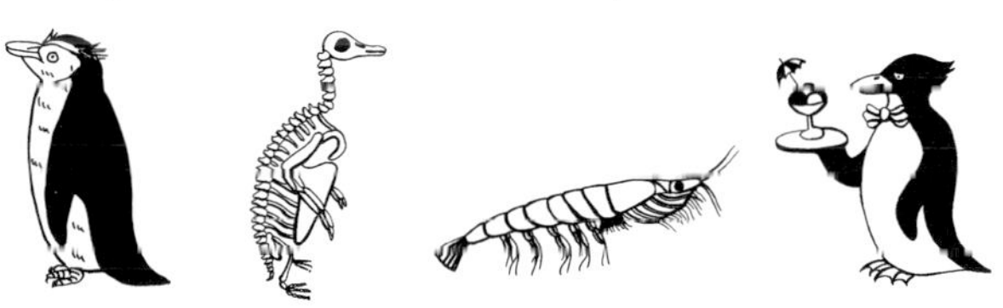

Bei dieser Werkstatt sind die Arbeitsaufträge auf den Arbeitsblättern abgedruckt.

Dieses Symbol kennzeichnet den **Infotext**, der zu einer Aufgabenstellung führt.

Dieses Symbol weist die Kinder auf den genauen **Arbeitsauftrag** hin.

Durch die folgenden Symbole sehen die Kinder sofort, in welcher Sozialform sie die Angebote bearbeiten sollen:

- Einzelarbeit
- Partnerarbeit
- Gruppenarbeit
- Gesamte Klasse

Um die Kopierkosten gering zu halten, sind die Arbeitsblätter nach Möglichkeit so gehalten, dass die Kinder sie lesen und die Aufgaben in ihrem Heft bearbeiten sollen. Einige Seiten müssen jedoch für jedes Kind einzeln kopiert werden, da die Kinder darauf schreiben oder zeichnen sollen.

Werkstattunterricht

Präsentieren Sie den Kindern die Angebote und das benötigte Material in Ablagekörbchen. Die Werkstatt sollte ständig im Klassenzimmer verfügbar sein, um den Kindern ein freies Arbeiten zu ermöglichen. Zwei Schulstunden pro Tag sind für den Werkstattunterricht optimal, aber auch längere Unterrichtseinheiten sind möglich.

Gliedern Sie die Werkstattstunden in eine Einstimmungsphase und eine Abschlussrunde im Sitzkreis, sowie eine dazwischen liegende Arbeitsphase, in der die Kinder selbstständig die Angebote bearbeiten. Für die Einstimmungsphase finden Sie einige Ideen in den „Hinweisen zu den Angeboten" (S. 5). Die Angebote „Pinguinlied: Paul und der Pol" (S. 15) und „Sport und Spiel mit Kaiserpinguinen" (S. 37) eignen sich ebenfalls für die Einstimmungsphase. In der Abschlussrunde können Arbeiten vorgestellt und die Angebote besprochen werden.

Nutzen Sie das Experten-Prinzip. Hiernach sucht sich jedes Kind zu Beginn der Werkstatt ein Angebot aus, für das es Experte sein möchte. Seine Aufgabe ist es, anderen Kindern bei diesem speziellen Angebot Fragen zu beantworten oder ihnen zu helfen. Dafür muss es das Angebot natürlich selbst gut beherrschen.

Jedes Kind bekommt einen **Arbeits-Pass**. Die Blanko-Vorlage für einen solchen Arbeits-Pass finden Sie im Anschluss an das Vorwort (S. 7). Tragen Sie alle Angebote, die Sie der Klasse zur Verfügung stellen, auf dem

Arbeits-Pass ein und kopieren Sie ihn in Klassenstärke. Dann markieren Sie für jedes Kind (je nach Leistungsstärke) unterschiedliche Pflichtangebote. Jedes Kind vermerkt in seinem Arbeits-Pass, wann es welches Angebot bearbeitet hat. Zusätzlich lassen die Kinder die bearbeiteten Angebote von Lehrern oder Experten (s.o.) kontrollieren, was im Arbeits-Pass durch eine Unterschrift bestätigt wird.

Weisen Sie die Kinder vor Beginn der Werkstattarbeit darauf hin, dass Infotexte auf den Arbeitsblättern immer zuerst gelesen werden sollen, da sie meist die Grundlage zur Bearbeitung der Aufgaben sind.

Hinweise zu den Angeboten

Werkstattbegleitende Aktivitäten

Pinguine besuchen
Gehen Sie mit den Kindern in einen Zoo, in dem Pinguine gehalten werden. Auf der Webseite *www.anjaspinguine.de* können Sie sehen, wo in Deutschland welche Pinguine gehalten werden. Daneben gibt es auch Informationen zu Fütterungszeiten, Bilder von den Pinguingehegen und Links zu den entsprechenden Zoos. Geben Sie den Kindern Aufgaben an die Hand, wie zum Beispiel:

- die Pinguinfreundlichkeit des Geheges beurteilen,
- einen Pinguin beschreiben, den man gut von allen anderen unterscheiden kann,
- herausfinden, ob man Männchen und Weibchen unterscheiden kann,
- herausfinden, ob es Paare gibt, die zusammengehören,
- das Verhalten der Pinguine über einen gewissen Zeitraum beobachten und sich dazu Notizen machen,
- mit einem Aufnahmegerät die Geräusche der Pinguine aufnehmen,
- einen Pinguin der gehaltenen Art zeichnen,
- anhand des Schildes am Gehege Fragen zu der gehaltenen Art beantworten.

Film über Kaiserpinguine anschauen
Zeigen Sie den Kindern auf DVD den faszinierenden Film „Die Reise der Pinguine" über das Leben der Kaiserpinguine in der Antarktis (vgl. Literatur- und Internettipps S. 52).

Pinguinfotos

Diese Werkstatt ist mit vielen Zeichnungen ausgestattet. Das ersetzt jedoch nicht die farbigen Pinguinfotos, die in Büchern und im Internet zu finden sind. Leihen Sie möglichst viele Bildbände aus, und stellen Sie diese der Klasse zur Verfügung. Fertigen Sie eine Liste an, auf der steht, auf welchen Seiten in welchen Büchern, die Kinder dokumentierende Fotos zu den einzelnen Angeboten finden, und bitten Sie die Kinder, sich diese vor der Bearbeitung eines Arbeitsblattes anzuschauen. Wenn der Klasse ein Computer zur Verfügung steht, können Sie auf diesem eine Diashow mit Fotos aus dem Internet zusammenstellen (vgl. Literatur- und Internettipps S. 52).

Pinguinbücherei
Lassen Sie die Kinder Bücher über Pinguine mitbringen, und stellen Sie so eine kleine Handbücherei zusammen, zu der die Kinder Zugang haben. Leihen Sie selber Pinguinbücher aus der Bibliothek aus. Viele Bibliotheken bieten den Service an, Themenkisten für Schulen zusammenzustellen. Ihre Handbücherei sollte auch wenigstens ein allgemeines Tierlexikon und einen Atlas umfassen.

Pinguingeräusche
Spielen Sie Pinguingeräusche vor, und lassen Sie die Kinder raten, zu welcher Art sie gehören. Die Stimmen einiger Pinguinarten finden Sie bei: *www.anjaspinguine.de*

Pinguingeschichten und Pinguingedichte
Starten Sie den Unterricht mit einer Pinguingeschichte oder einem Gedicht, oder lassen Sie die Kinder sich zu einem Pinguinbild eine Geschichte ausdenken (Anregungen finden Sie bei den Literatur- und Internettipps S. 52).

Pinguinausstellung
Pinguine begegnen den Kindern überall. Fordern Sie jedes Kind auf, zu Hause etwas zu suchen, was im Zusammenhang mit einem Pinguin steht (Spielzeug, Buch, Musik, Bild, Werbung, Film o.Ä.), und machen Sie im Klassenzimmer eine kleine Pinguin-Ausstellung. Überlegen Sie mit den Kindern, inwieweit Ähnlichkeiten zu echten Pinguinen bestehen.

Pinguine nachmachen
Auf der Insel Crozet gibt es eine Königspinguinkolonie mit etwa 50 000 Tieren. Lassen Sie die Kinder sich so aufstellen wie in einer Königspinguinkolonie, in der

Vorwort

jedes Tier etwa 1m² Platz braucht (der Raum, den sie mit den Flügeln verteidigen können). Dabei können die Kinder überlegen, wie viele Königspinguine im Klassenzimmer oder auf dem Schulhof Platz finden würden.
Der unbeholfen anmutende Watschelgang der Pinguine hat sich bei näheren wissenschaftlichen Untersuchungen als durchaus energiesparend erwiesen. Wer ein schweres Gewicht zu tragen hat, kommt automatisch ins Schwanken und somit in einen pinguinähnlichen Gang. Demonstrieren Sie das den Kindern, indem Sie sie einmal ohne und einmal mit schweren Tüten durch das Klassenzimmer laufen lassen.
Ein Eselspinguin schlägt beim „Unterwasserflug" 200-mal in der Minute mit den Flügeln. Lassen Sie die Kinder eine Minute lang die Arme auf und ab bewegen und dabei zählen, wie oft sie es schaffen. Wer ist annähernd so gut wie der Pinguin?

Hinweise zu den Arbeitsblättern

Pinguin-Länder-Suchsel (S. 9)
Zeigen Sie den Kindern die Länder, in denen Pinguine leben, auch auf einer Weltkarte mit einer der üblichen Projektionen, damit sie die nördliche Verbreitungsgrenze besser erkennen können.

Pinguinplätzchen (S. 14)
Das Ausschneiden der Pinguine aus dem Teig ist leichter, wenn die Schablonen aus sehr dicker Pappe sind.
Das macht jedoch das Herstellen der Schablonen schwieriger. Bereiten Sie gegebenenfalls selbst ein paar dicke Schablonen vor.

Pinguinlied: Paul und der Pol (S. 15)
Bei den Servicelinks für diese Werkstatt auf den Webseiten des Verlags an der Ruhr *(www.verlagruhr.de)* finden Sie eine Datei mit der Melodie dieses Liedes.

Pinguinarten in Originalgröße zeichnen (S. 19)
Es empfiehlt sich, diese Seite auf DIN A3 zu vergrößern, damit die Details besser zu erkennen sind. Stellen Sie außerdem farbige Fotos oder Zeichnungen der Pinguinarten zur Verfügung. Dann können die Kinder die Pinguine anschließend ausmalen. Eine Zeichnung des Urpinguins findet sich in dem Buch „Pinguine" der „Was ist Was"-Reihe. (vgl. Literatur- und Internettipps S. 52).

Pinguine in Südamerika (S. 20)
Dass große Pinguine langsamer abkühlen als kleine, können Sie den Kindern verdeutlichen, indem Sie ein kleines und ein großes Gefäß mit heißem Wasser füllen und nach einer bestimmten Zeit die Temperatur messen. Im Gegensatz zu den Gefäßen wird in den Pinguinen natürlich ständig Wärme produziert, dennoch wird so klar, dass ein kleiner Pinguin schwieriger warm zu halten ist.

Pinguinsteckbrief (S. 24)
Vergrößern Sie am besten beide Seiten auf DIN A3, damit die Kinder besser zeichnen und schreiben können. Eine Erklärung zur Karte vom Verbreitungsgebiet finden Sie auf dem Arbeitsblatt „Pinguin-Länder-Suchsel" (S. 9).

Das Nahrungsnetz in der Antarktis (S. 26)
Wenn das Spiel zu lange dauert, können die Kinder auch eine festgesetzte Zeit lang spielen und dann zählen, wer zu diesem Zeitpunkt die meisten Spielchips hat.

Treibstoffverbrauch eines Adéliepinguins berechnen (S. 30)
Stellen Sie zum Beispiel 12 Liter Getränke im Klassenzimmer auf, um zu verdeutlichen, was für eine Magenkapazität ein Pinguin im Vergleich zu einem erwachsenen Menschen hat, und lassen Sie die Kinder überlegen, wie viel tatsächlich in einen menschlichen Magen passt.

Bedrohung von Pinguinen (S. 42)
Sowohl „El Niño" als auch das Abbrechen von Eisbergen in der Antarktis sind natürliche Phänomene, die auch ohne den Einfluss des Menschen immer wieder auftreten. Durch den vom Menschen verursachten Klimawandel ändert sich jedoch die Häufigkeit.

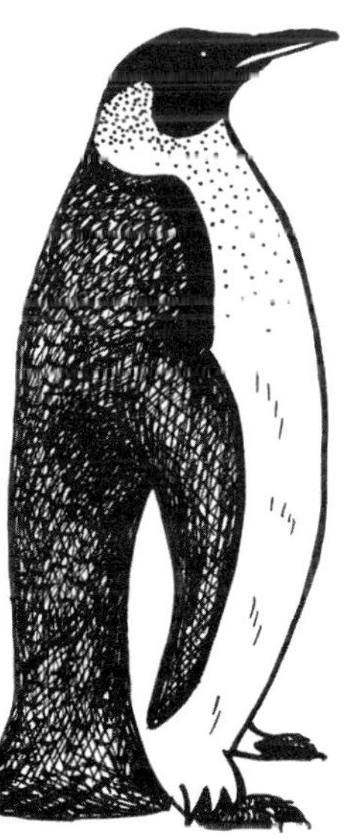

Arbeits-Pass

von: ____

Angebot	erledigt am:	kontrolliert/ vorgestellt am:

Gefälschte Pinguinfotos

INFO

Obwohl Pinguine Vögel sind, können sie nicht fliegen. Sie können dafür aber prima schwimmen und lange und tief tauchen. Sie fressen Meerestiere und leben meist in riesigen Gruppen an Küsten der Südhalbkugel der Erde. Einige leben in der Nähe des Südpols. Am Nordpol, wo es Eisbären gibt, leben keine Pinguine.

Der berühmte Tierfotograf Erwin Pixeldreh hat Fotos von Pinguinen geschossen. Einige hat er jedoch an seinem Computer gefälscht.

Finde die drei gefälschten Pinguinfotos, und schreibe die Nummern in dein Heft. Schreibe daneben, warum die Fotos gefälscht sind.

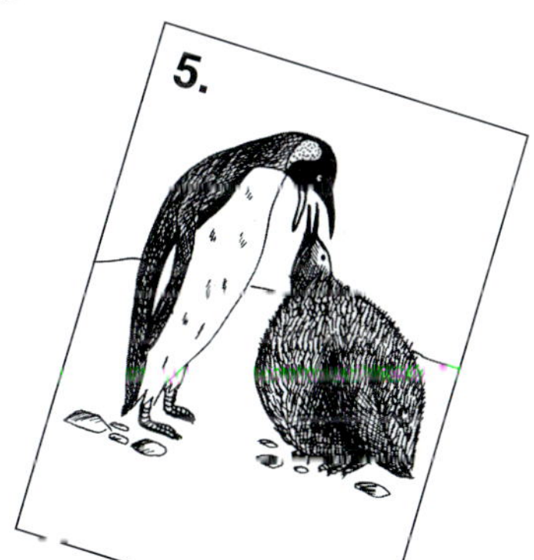

Pinguin-Länder-Suchsel

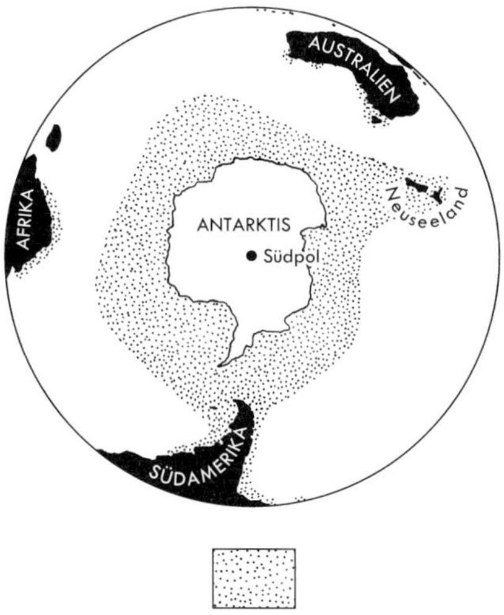

Verbreitungsgebiet von Pinguinen

INFO

Die Karte zeigt dir, wo Pinguine leben. Du findest sie nur südlich vom Äquator, darum siehst du hier die Erde vom Südpol aus. Einige Pinguine leben in der Antarktis, viele auch auf den Inseln rund um die Antarktis. Weil die Inseln zu klein sind, kannst du sie auf der Karte nicht sehen. Andere Pinguine leben an den Küsten von Südamerika, Australien und Afrika. Damit man sieht, dass sie direkt am Wasser leben, ist das Land nicht gepunktet.

Finde die folgenden sieben Länder, in denen Pinguine leben, in diesem Länder-Suchsel. Markiere sie mit einem grünen Stift. Schaue im Atlas nach, wo sie liegen.

Argentinien, Australien, Ecuador, Namibia, Neuseeland, Peru, Südafrika

In diesem Suchsel findest du außerdem sieben Länder, in denen keine Pinguine leben. Markiere diese Länder mit einem roten Stift.

A	R	G	E	N	T	I	N	I	E	N
U	X	I	N	D	I	E	N	R	U	E
S	Ü	D	A	F	R	I	K	A	K	U
T	V	S	B	I	S	L	A	N	D	S
R	C	H	I	N	A	P	N	Q	P	E
A	L	I	M	N	A	O	A	P	E	E
L	Z	N	E	C	U	A	D	O	R	L
I	N	A	M	I	B	I	A	L	U	A
E	A	B	C	D	K	E	F	E	K	N
N	O	R	W	E	G	E	N	N	H	D

Form und Farbe von Pinguinen

INFO

Pinguine haben das Fliegen aufgegeben, um sich besser an das Leben im Wasser anpassen zu können. Sie sind schwerer als andere Vögel, und ihre Flügel sind zu Paddeln umfunktioniert. Ihre Form ist perfekt, um beim Tauchen bremsende Verwirbelungen zu vermeiden.

So kommen sie schnell voran, ohne sich dabei zu sehr anzustrengen. Ihre typische Färbung haben die Pinguine, damit sie im Wasser weder von ihren Feinden noch von ihrer Beute zu schnell gesehen werden. Von oben hebt sich der dunkle Rücken schlecht gegen das dunkle Wasser ab. Von unten hebt sich der weiße Bauch schlecht gegen den hellen Himmel ab. Am Kopf jedoch hat jede Pinguinart eine für sie typische Färbung, damit die Pinguine sich erkennen und von anderen Arten unterscheiden können. Männchen und Weibchen einer Art sind hingegen kaum zu unterscheiden.

Hole dir ein Tierlexikon, und finde …

1. einen Vogel, der wie der Pinguin nicht fliegen kann. Schreibe seinen Namen in dein Heft.
2. ein Tier, welches eine ähnliche Form hat wie ein tauchender Pinguin. Zeichne seine Form in dein Heft.
3. ein Tier, welches, wie ein Pinguin, auf dem Bauch hell und auf dem Rücken dunkel ist. Schreibe seinen Namen in dein Heft.
4. eine Pinguinart, und beschreibe in deinem Heft, wie sie am Kopf gefärbt ist.

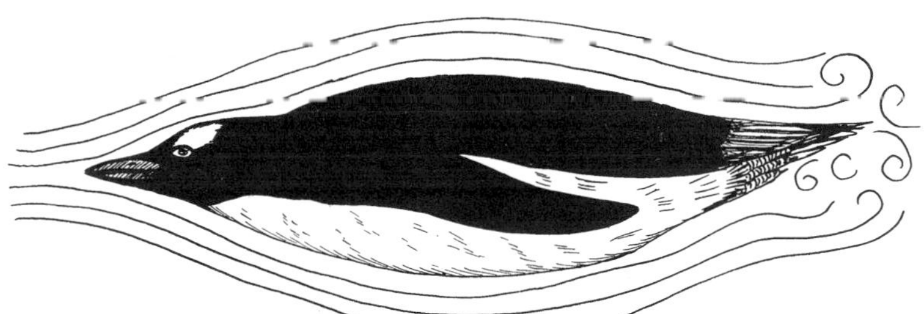

Dank seiner Körperform kann der Pinguin schnell unter Wasser schwimmen.

Pinguin-Zahlenpuzzle

Das brauchst du: Schere, Klebstoff

So geht es:

1. Schneide die unteren sechs Lösungskarten aus.
2. Überlege, welche Zahl zu welcher Frage passt. Wenn du keine Idee hast, rechne die Aufgabe aus.
3. Lege auf jede der Fragen die Karte mit der richtigen Antwortzahl.
4. Wenn alles richtig ist, ergibt sich am Ende ein Pinguinbild. Klebe das Bild auf.

Wie viele Arten von Pinguinen gibt es? (34 : 2 = _____)	Wie viele Eier legen die meisten Pinguinarten? (11 + 19 – 28 = _____)	Wie viele Federn sitzen auf einem cm^2 Pinguin? (48 : 4 = _____)
Wie viel Grad Celsius ist ein Pinguin warm? (3 • 13 = _____)	Wie viele Jahre alt wurde der älteste Pinguin im Zoo? (116 – 74 = _____)	Seit ungefähr wie vielen Millionen Jahren gibt es Pinguine? (11 + 16 + 23 = _____)

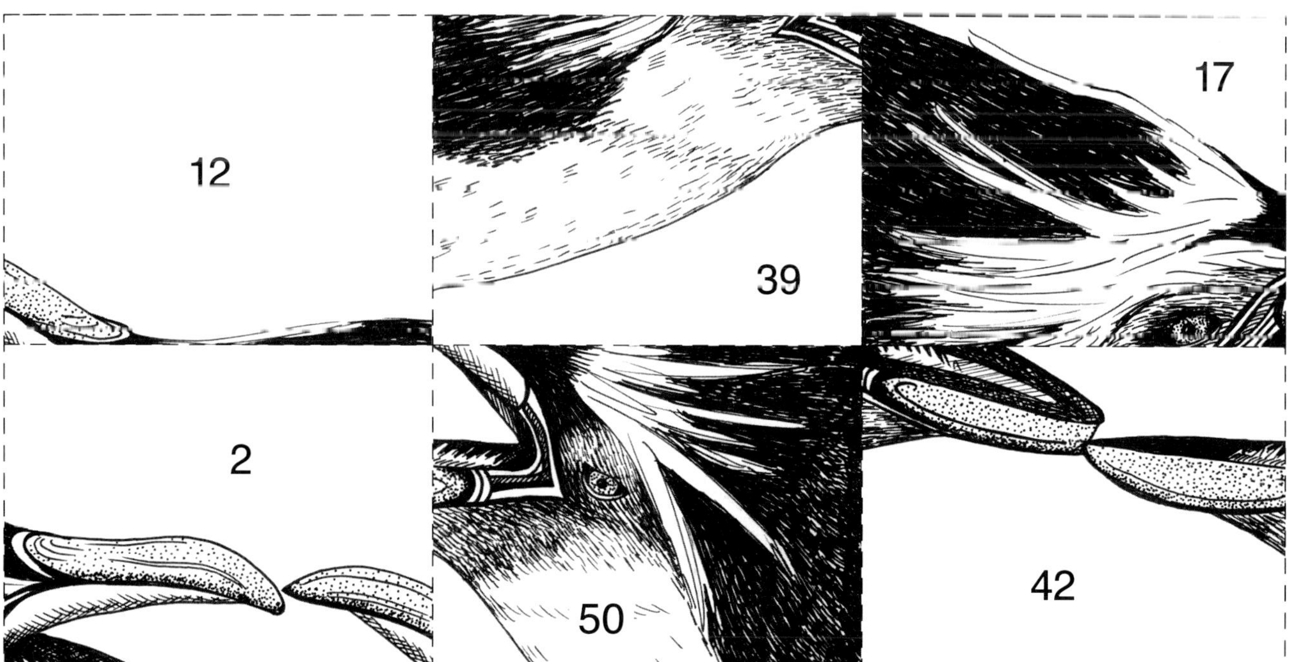

Das Wort Pinguin

Riesenalk

Das Wort Pinguin entstand entweder aus dem lateinischen Wort für fett (penguis) oder aus dem walisischen Wort für Weißkopf (pen gwyn). Das Wort wurde zunächst für den auf der Nordhalbkugel lebenden Riesenalk verwendet (wegen des weißen Flecks am Auge) und später auf die Pinguine der Südhalbkugel übertragen. Der Riesenalk war ähnlich gebaut wie ein Königspinguin, konnte ebenfalls nicht fliegen und starb 1844 aus. Das Wort Pinguin ist in allen Sprachen recht ähnlich, manche Länder haben jedoch auch andere Bezeichnungen für Pinguine, z.B. Kindsvogel (Südamerika) oder Armloser (Frankreich).

Was ist mit diesen „PINGUINEN" passiert? Verbinde.

PENGUIN (englisch)
PINGWIN (polnisch)
PINGVIN (schwedisch)
PINGÜINO (spanisch)
PINGUINO (italienisch)
PENGUEN (türkisch)

1. **GIINNPU** ❍	❍ von hinten nach vorne
2. **NIUGNIP** ❍	❍ alphabetisch sortiert
3. **ИIUꓨИIꟼ** ❍	❍ steht auf dem Kopf
4. **PINGUIN** ❍	❍ steht vor dem Spiegel
5. **NIՈꓨNIԀ** ❍	❍ Buchstaben haben Löcher

Überlege dir einen Satz mit den Anfangsbuchstaben des Wortes Pinguin, und schreibe ihn auf.

Beispiel:	*Du kannst auch einzelne Wörter einfügen, zum Beispiel:*
P inguine	
I m	P inguine und
N ebel	I gel sind
G ehen	N icht …
U ngern	…
I ns	
N asse	

P ____________________

I ____________________

N ____________________

G ____________________

U ____________________

I ____________________

N ____________________

Faltpinguin

Das brauchst du: ein Stück Papier (15 x 15 cm)

So geht es: Falte nach der Anleitung einen Pinguin aus dem Stück Papier.

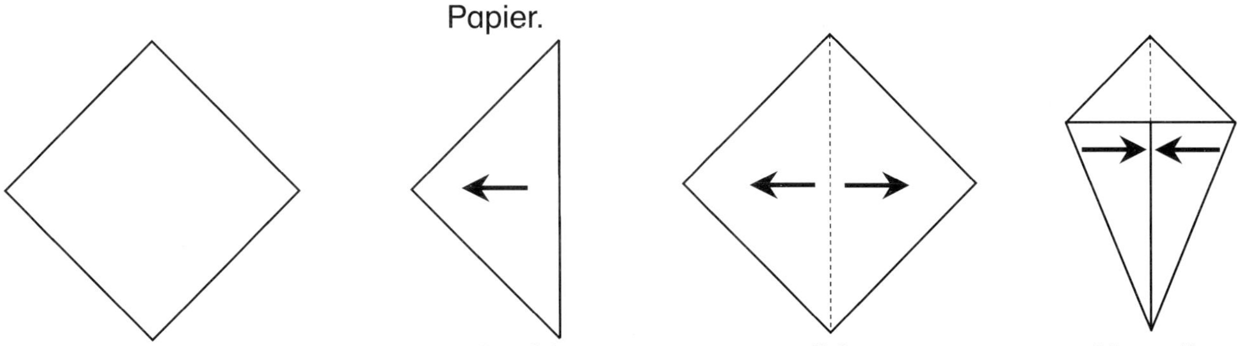

in der Mitte falten — auffalten — bis an die Mittellinie falten

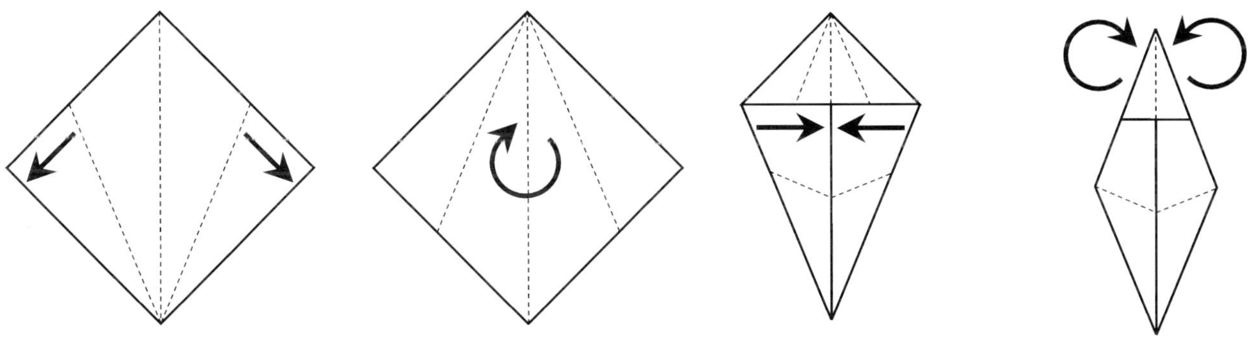

auffalten — auf den Kopf drehen — bis an die Mittellinie falten — Seiten nach hinten falten

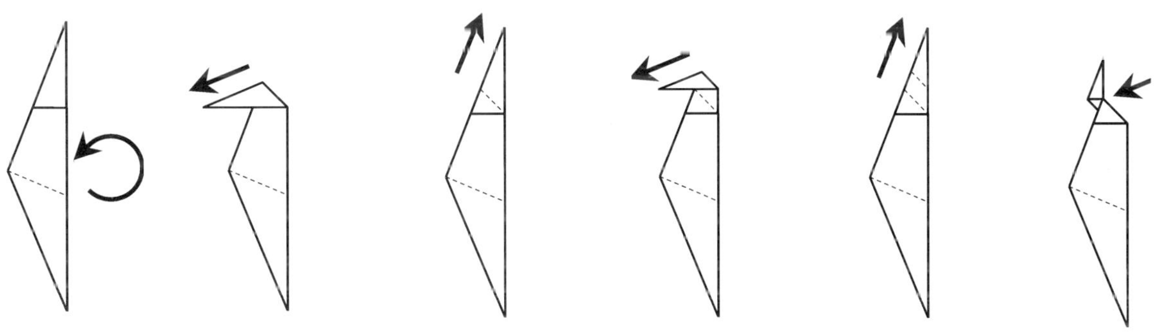

in der Mitte falten — Spitze umknicken — auffalten — Spitze umknicken — auffalten — Spitze nach innen schieben

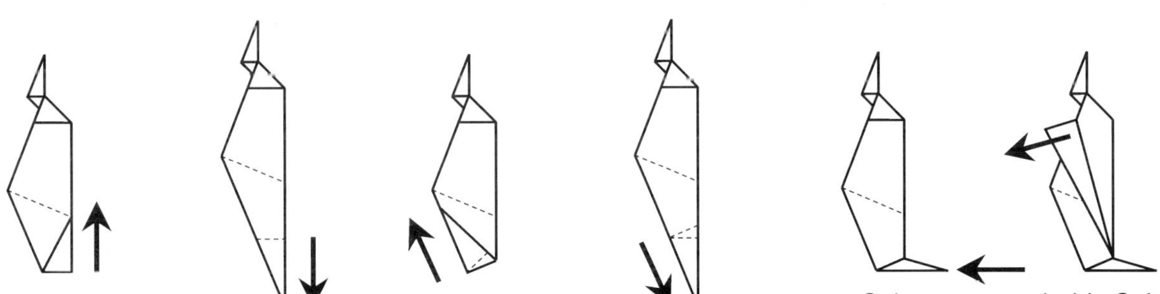

Spitze umknicken — auffalten — Spitze umknicken — auffalten — Spitze nach innen schieben — beide Seiten nach hinten falten

Pinguinplätzchen

Das brauchst du:

Geräte
Pappe, Schere, Backpapier, Teigrolle, Messer, Löffel, Schüssel, Topf, Gefäße (für Kuvertüre, Zuckerguss und Eigelb), mindestens 3 Pinsel, Küchenmixer mit Knethaken, Backofen, Backbleche

Zutaten (reicht für ca. 16 Plätzchen)
300 g Mehl, 100 g Zucker, 2 Päckchen Vanillezucker, 200 g Butter, 1 Eigelb, 125 g Puderzucker, 2 Esslöffel Kokosraspeln, 100 g Schokoladenkuvertüre

So geht es:

1. Fertigt mehrere Schablonen an, indem ihr die Pinguinform auf dieser Seite auf Pappe übertragt und sie ausschneidet.
2. Verrührt Mehl, Zucker, Vanillezucker, Butter und Milch zu einem knetbaren Teig.
3. Rollt den Teig auf Backpapier aus, schneidet mit Hilfe eines Messers und der Schablonen Pinguine aus dem Teig aus, und legt sie mit Backpapier auf ein Backblech. Bestreicht Schnabel und Füße mit etwas verrührtem Eigelb.
4. Backt die Pinguine 10–15 Minuten lang bei 180°C im vorgeheizten Backofen.
5. Bereitet die Schokoladenkuvertüre entsprechend der Packungsanleitung zu. Zum Puderzucker gebt esslöffelweise Wasser, und verrührt ihn, bis ein zähflüssiger Zuckerguss entsteht.
6. Bei den gebackenen Pinguinen könnt ihr nun mit den Pinseln Kopf und Flügel mit Schokoladenkuvertüre bestreichen. Den Bauch pinselt mit Zuckerguss ein, und bestreut ihn mit ein paar Kokosraspeln. Wenn die Pinguine getrocknet sind, tunkt den Pinselstiel in Zuckerguss, und malt jedem Pinguin noch ein Auge.

Pinguinlied: Paul und der Pol

Text: Katrin Schüppel
Musik: Michel Wegmann

2. Der Paul erzählt: „Ihr könnt mir trau‘n:
Ich tauch so tief, wie Menschen bau‘n.
Doch hier in diesem Becken man
sich nicht mal richtig strecken kann.
Mir ist es hier auch viel zu heiß.
Das wahre Glück, das liegt im Eis.
Bei minus vierzig Grad im Schnitt
fühlt sich ein Tier wie ich erst fit.“

3. „Am Pol war ich ein Held, am Tag,
als ich ’nem Eisbär‘n fast erlag.
Der riss weit auf das große Maul,
doch ich entkam blitzschnell“, sagt Paul.
In dem Gehege nebenan,
hört sich ein Eisbär all das an.
Er überlegt: „Von welchem Pol
kommt dieser schräge Vogel wohl?“

4. Er fragt den Paul: „Kommst du vom
Nordpol oder einem and‘ren Ort,
wohl nicht vom Pol im Süden, denn
ich dort nicht einen Eisbär‘n kenn‘.“
Dass es der Pole gibt gleich zwei,
verwirrt den Paul, er denkt: „Oh wei“
und gibt dann kleinlaut zu: „Ich bin
gebor‘n im Tierpark in Berlin.“

© Verlag an der Ruhr ◆ Postfach 10 22 51 ◆ 45422 Mülheim an der Ruhr ◆ www.verlagruhr.de ◆ ISBN 3-8346-0197-7

Die Pinguine im Tierreich

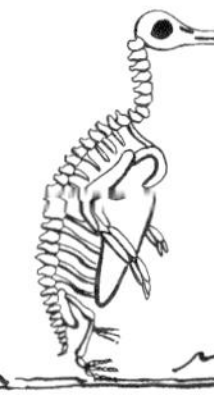

Tiere werden danach eingeteilt, ob sie eng oder weniger eng miteinander verwandt sind. Verwandte Tiere haben gemeinsame Vorfahren und einen ähnlichen Körperbau. Dazu werden im Tierreich zunächst große Gruppen gebildet, die dann immer feiner unterteilt werden.

Trage die folgenden Wörter an der richtigen Stelle in den Lückentext ein:

Zügelpinguinen • Wirbeltieren • Pinguinen • Vögeln

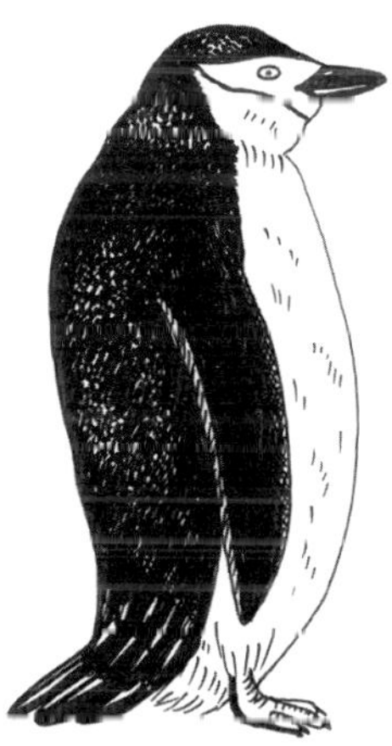

Dieses Zügelpinguinmännchen hat ein Skelett aus Knochen mit einer Wirbelsäule und gehört deshalb zu den ______________________.

Es hat Federn und Flügel statt Vorderbeine und gehört daher zu den ______________.

Es kann nicht fliegen, aber prima schwimmen und tauchen und gehört daher zu den __________________.

Es hat ein schwarzes Band unter dem Kopf und gehört daher zu den ____________________.

Nummeriere von 1–4 durch, mit wem dieser Zügelpinguin am engsten (1) und am wenigsten verwandt ist (4).

___ Lehrer(in) ___ Qualle ___ Kaiserpinguin ___ Schwalbe

Was gehört nicht dazu?

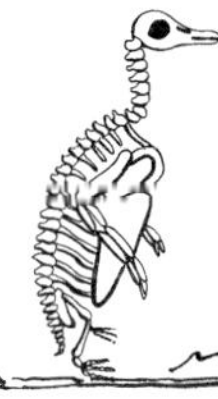

Hier siehst du sieben Gruppen aus vier Wörtern. Das Wort Pinguin gehört zu jeder Gruppe dazu, aber in jeder Gruppe befindet sich auch ein Wort, das aus unterschiedlichen Gründen nicht zu den anderen passt.

Finde in jeder Gruppe das Wort, das nicht dazugehört. Streiche es durch und schreibe darunter, warum es nicht dazu gehört.

1. Fliegenpilz • Stein • Pinguin • Sonnenblume

____

2. Pinguin • Fliege • Krebs • Palme

____

3. Pferd • Pinguin • Regenwurm • Affe

____

4. Schwalbe • Wespe • Flamingo • Pinguin

____

5. Seehund • Pinguin • Delfin • Fischotter

____

6. Pinguin • Elefant • Mensch • Känguru

____

7. Antarktis • Seeleopard • Pinguin • Eisbär

____

Verwandte Pinguinarten

Pinguinarten haben, wie alle Tierarten, einen deutschen und einen lateinischen Namen. Der lateinische Name besteht aus einem Vor- und einem Nachnamen. Eng verwandte Arten haben denselben Vornamen. Man sagt: sie gehören derselben Gattung an. Hier siehst du acht Pinguinarten. Jeweils zwei sind verwandt und tragen denselben lateinischen Vornamen.

Finde die verwandten Pinguine entweder anhand ihres Aussehens oder anhand ihres Vornamens heraus. Schreibe die Buchstaben der verwandten Pinguinarten in dein Heft und den lateinischen Vornamen daneben.

a) Adéliepinguin *(Pygoscelis adeliae)* 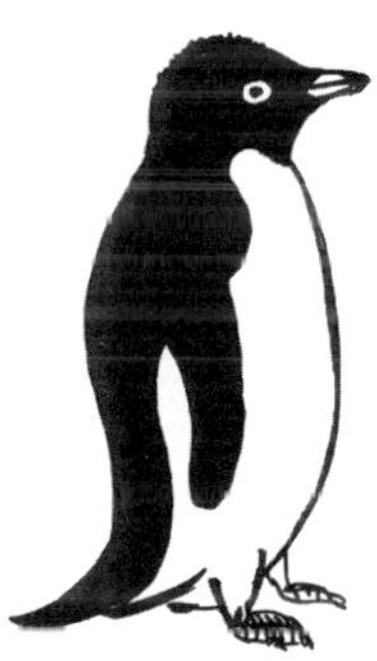	*b) Kaiserpinguin* *(Aptenodytes forsteri)* 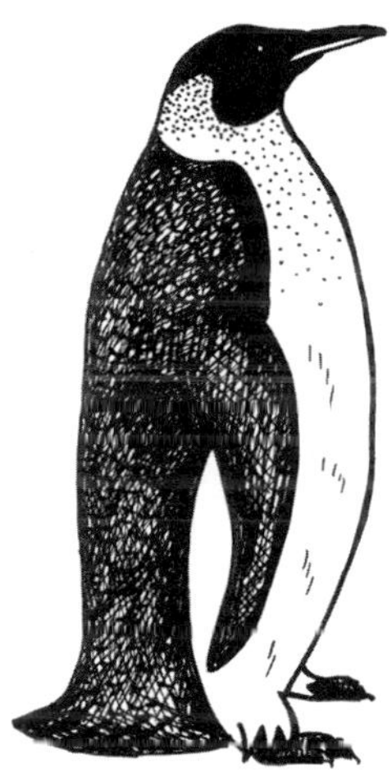	*c) Eselspinguin* *(Pygoscelis papua)* 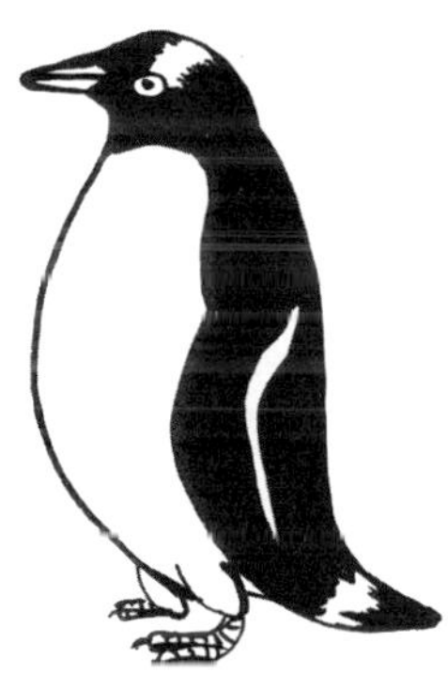	*d) Dickschnabelpinguin* *(Eudyptes pachyrhynchus)* 
e) Magellanpinguin *(Spheniscus magellanicus)* 	*f) Haubenpinguin* *(Eudyptes schlegeli)* 	*g) Königspinguin* *(Aptenodytes patagonicus)* 	*h) Brillenpinguin* *(Spheniscus demersus)* 

Pinguinarten in Originalgröße zeichnen

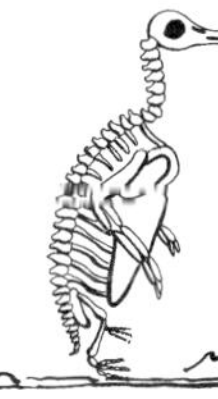

INFO Der größte, heute lebende Pinguin ist der Kaiserpinguin. Er ist etwa 1 m hoch und wiegt bis zu 40 kg. Der kleinste Pinguin ist der Zwergpinguin. Er ist etwa 30 cm hoch und wiegt ungefähr 1 kg. Ein längst ausgestorbener Urpinguin, mit dem Namen Pachydyptes ponderosus, war 160 cm hoch und wog etwa 100 kg.

Das brauchst du: Schere, Papier auf Rolle (ca. 3 m), Zollstock, großes Lineal, Buntstifte, Klebeband

So geht es:

1. Sucht euch jeder einen der abgebildeten Pinguine aus. Schneidet für jeden Pinguin die passende Papierlänge von der Rolle ab.
2. Zeichnet die waagerechten und senkrechten Linien im richtigen Abstand (10 cm, beim Zwergpinguin auch 5 cm) auf das Papier. Nehmt dabei den Zollstock und ein großes Lineal zu Hilfe.
3. Zeichnet danach eure Pinguinumrisse auf das Papier. Orientiert euch beim Übertragen der Größe und der Form an den waagerechten und senkrechten Linien.
4. Hängt alle Zeichnungen so an die Wand, dass der untere Rand am Fußboden beginnt.

☐ 10 x 10 cm
⬚ 5 x 5 cm

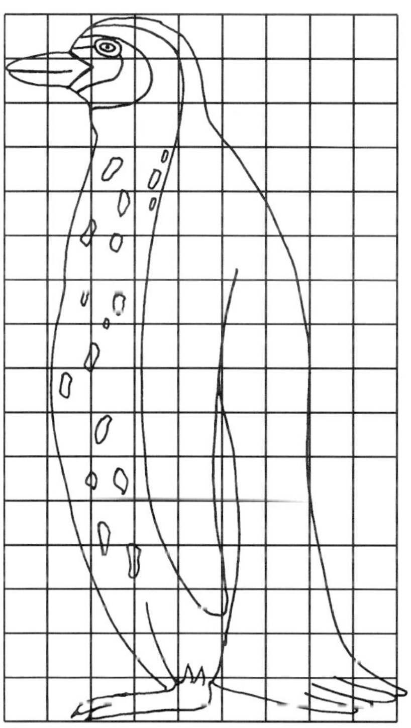

Urpinguin (160 cm hoch)

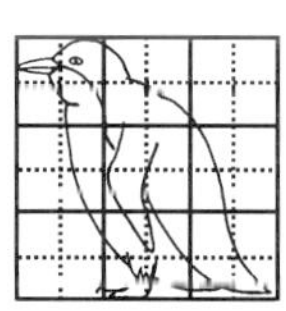

Zwergpinguin (30 cm hoch)

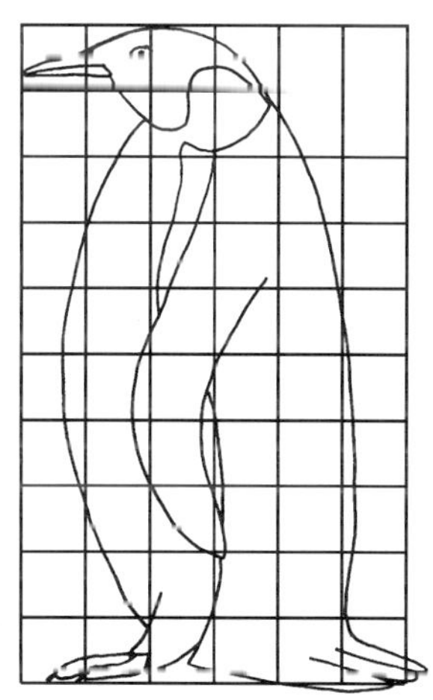

Kaiserpinguin (100 cm hoch)

Schreibe ins Heft, wer oder was etwa so groß ist wie:

- ein Urpinguin der Art Pachydyptes ponderosus?
- ein Kaiserpinguin?
- ein Zwergpinguin?

Pinguine in Südamerika

Die Pinguine, die in Südamerika leben, sind alle eng verwandt und sehen sich auch sehr ähnlich. Magellanpinguine leben an der kühleren Südspitze Südamerikas, Humboldtpinguine an den Wüstenküsten von Chile und Peru. Galapagospinguine gibt es nur auf den gleichnamigen tropisch-heißen Inseln, in der Nähe des Äquators. Der Brillenpinguin, der im Süden Afrikas lebt, gehört ebenfalls zu dieser Gruppe. Da sie das Klima in Deutschland besser vertragen als die Pinguine der Antarktis, werden Brillenpinguine und südamerikanische Pinguine gerne in Zoos gehalten.
Es gibt eine Regel, nach der bei eng verwandten Tieren diejenigen, die in kalten Gebieten leben, stets größer sind als diejenigen, die in warmen Gebieten leben. Das liegt daran, dass große Tiere ihre Körperwärme besser halten können als kleine Tiere.

Schreibe in dein Heft, welche der im Text beschriebenen Pinguinarten der Regel nach die kleinste ist. Nimm einen Atlas zu Hilfe.

Humboldtpinguin

= rosa

Magellanpinguin

In einigen Gebieten Chiles brüten sowohl Humboldt- als auch Magellanpinguine. Sie sehen sich sehr ähnlich.

Schaue dir die Bilder genau an, und finde Stellen, an denen sich die beiden Pinguine unterscheiden. Schreibe in dein Heft, wie man die beiden Pinguinarten sicher unterscheiden kann.

Painting a Yellow-Eyed Penguin

INFO

Yellow-eyed penguins live in the woods of New Zealand. They breed together with their partners but without any other penguins.

Why is this penguin called yellow-eyed penguin?

____

How is the yellow-eyed penguin called in Germany?

____

Colour in the penguin.

beak = orange and white
chest = white
back = black
feet = pink
claws = grey
head = black with a yellow band and some golden feathers
eyes = yellow
wings = outside black and inside white

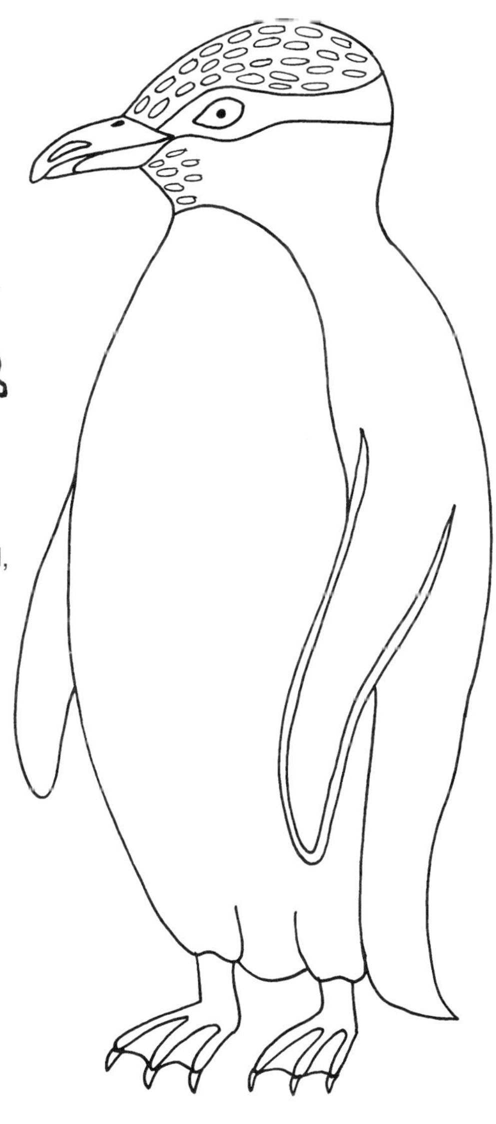

Vocabularies:
any = irgendwelche,
back = Rücken,
band = Streifen,
beak = Schnabel,
black = schwarz,
breed = brüten,
but = aber,
called = genannt,
chest = Brust,
claws = Krallen,
eye = Auge,
feather = Feder,
feet = Füße,
Germany = Deutschland,
golden = golden,
grey = grau,
head = Kopf,
how = wie,
inside = Innenseite,
live = leben,
New Zealand = Neuseeland,
orange = orange,
other = andere ,
outside = Außenseite,
paint = malen,
paint in = ausmalen,
partners = Partner,
penguin = Pinguin,
pink = rosa,
some = einige,
together = zusammen,
white = weiß,
why = warum,
wings = Flügel,
without = ohne,
wood = Wald,
yellow = gelb

Goldschopfpinguin basteln (1/2)

> **INFO** Der Goldschopfpinguin ist die häufigste Pinguinart. Goldschopfpinguine leben auf den Inseln im Atlantik, die um die Antarktis herum liegen, und fallen durch ihren ausgefallenen Kopfschmuck auf.

Das brauchst du: leere Klopapierrolle, dünne Pappe oder dickes Papier in den Farben Schwarz, Weiß, Pink und Rot, Goldfolie, Klebstoff, schwarzer Filzstift, Schere

So geht es:

1. Übertrage die Formen auf das richtige Papier, und schneide sie aus. Klebe, bevor du die Flügel aufzeichnest, schwarzes und weißes Papier aufeinander. Schneide außerdem ein Rechteck aus, das 15 cm breit ist. Es sollte so lang sein, wie die Klopapierrolle hoch ist (etwa 9,5 cm).
2. Klebe Füße und Deckel oben und unten auf die Klopapierrolle. Bestreiche dann das schwarze Rechteck von einer Seite mit Klebstoff, und wickele es um die Klopapierrolle.
3. Klebe Bauch, Flügel, Augen, Schnabel und Goldfeder auf. Bei dem Schnabel musst du die beiden Teile vorne aufeinanderkleben, hinten auseinanderknicken und mit dem hinteren Teil auf der Klopapierrolle festkleben. Auch die Flügel werden am oberen Teil etwas abgeknickt, damit sie sich besser aufkleben lassen. Die weiße Seite muss nach vorne zeigen und die schwarze Seite nach hinten.
4. Zeichne mit einem schwarzen Filzstift Nasenlöcher und Pupillen auf.

Goldschopfpinguin basteln (2/2)

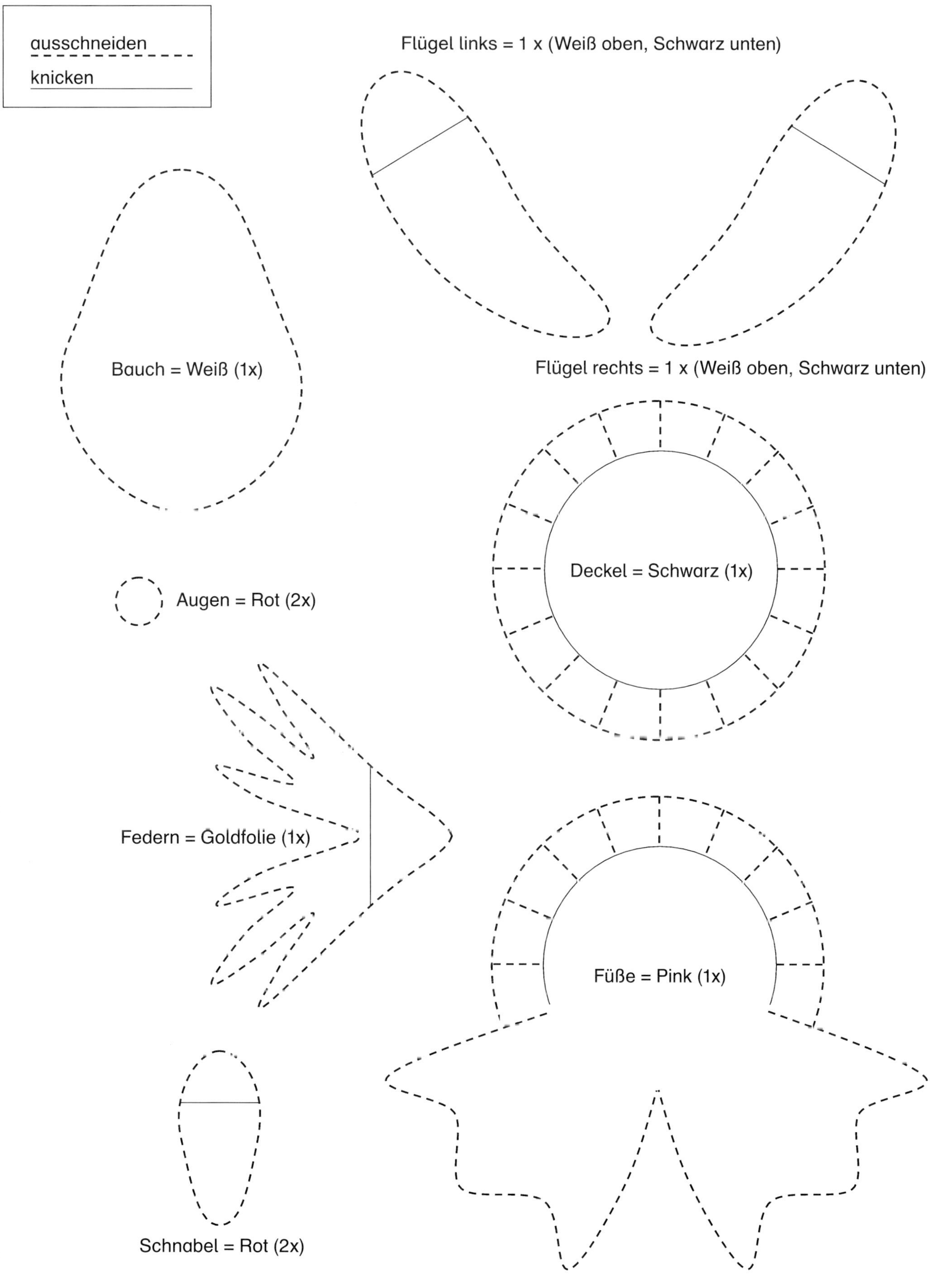

Pinguinsteckbrief (1/2)

Das brauchst du: Pinguinbücher, Buntstifte

So geht es:

1. Suche dir eine Pinguinart aus, und versuche, aus Büchern, möglichst viel über sie herauszufinden.
2. Male ein Bild der Pinguinart, zeichne mit dem Buntstift auf der Karte ein, wo sie lebt, und schreibe die wichtigsten Informationen in den Steckbrief.

Name: ______________________________

lateinischer Name: ______________________________

Größe: ______________________________

Gewicht: ______________________________

Bild:

Verbreitungsgebiet:

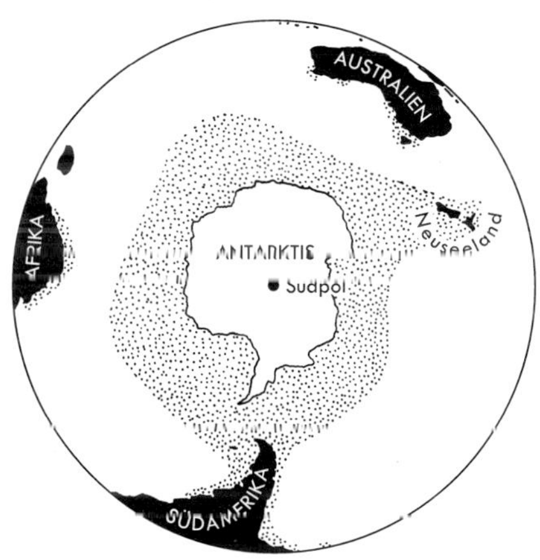

Weitere Informationen: ______________________________

____

____

____

____

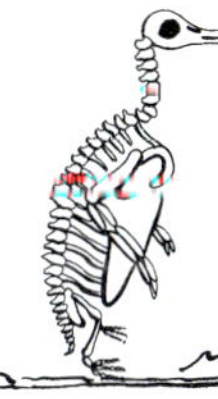

Pinguinsteckbrief (2/2)

In einem Zoo soll ein Gehege für die Pinguinart entstehen, die du im Steckbrief beschrieben hast.

Überlege, was zu einem solchen Pinguingehege gehört. Zeichne es mit Buntstiften in die Mitte der Karte ein. Schreibe in die Legende, was deine Farben und Zeichen bedeuten.

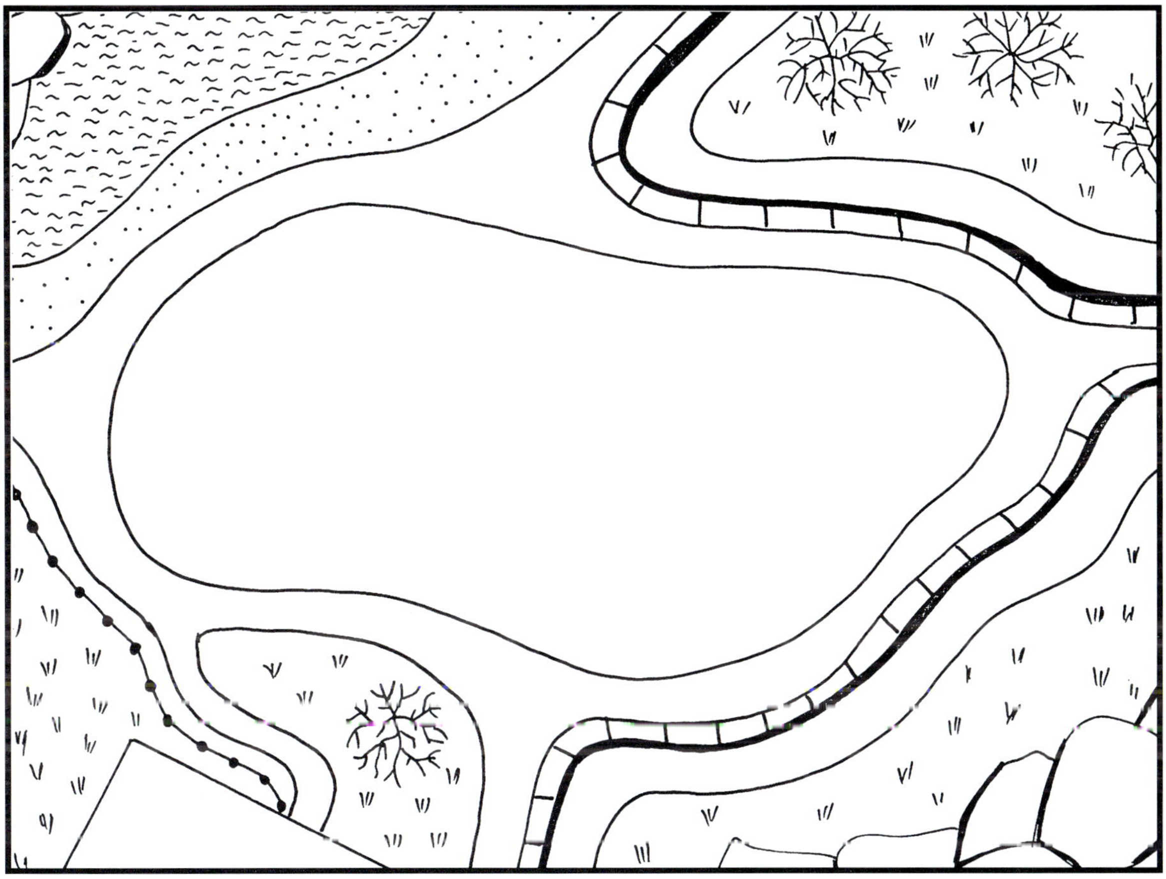

Legende: Mauer, Felsen, Baum, Sand, Zaun, Gras, Wasser

Beschreibe in deinem Heft, wie die Pinguine gehalten werden müssen.

- Muss das Gehege überdacht, geheizt oder gekühlt sein?
- Wie können die Pinguine im Gehege Nester bauen?
- Wie und womit werden die Pinguine gefüttert?
- Für wie viele Tiere bietet das Gehege Platz?

Das Nahrungsnetz in der Antarktis (1/2)

INFO

Ohne Algen, die alleine mit Luft, Licht und Nährstoffen im Wasser wachsen, könnte es keine Tiere in der Antarktis geben, weil niemand etwas zu fressen hätte. Winzig kleine Algen und Meerestiere nennt man Plankton. Krill sind kleine Krebse, die in der Dunkelheit blaugrün leuchten.

Bartenwale haben Borsten am Maul, mit denen sie nur sehr kleine Meerestiere aus dem Wasser filtern können. Zahnwale besitzen Zähne und können große Meerestiere reißen.

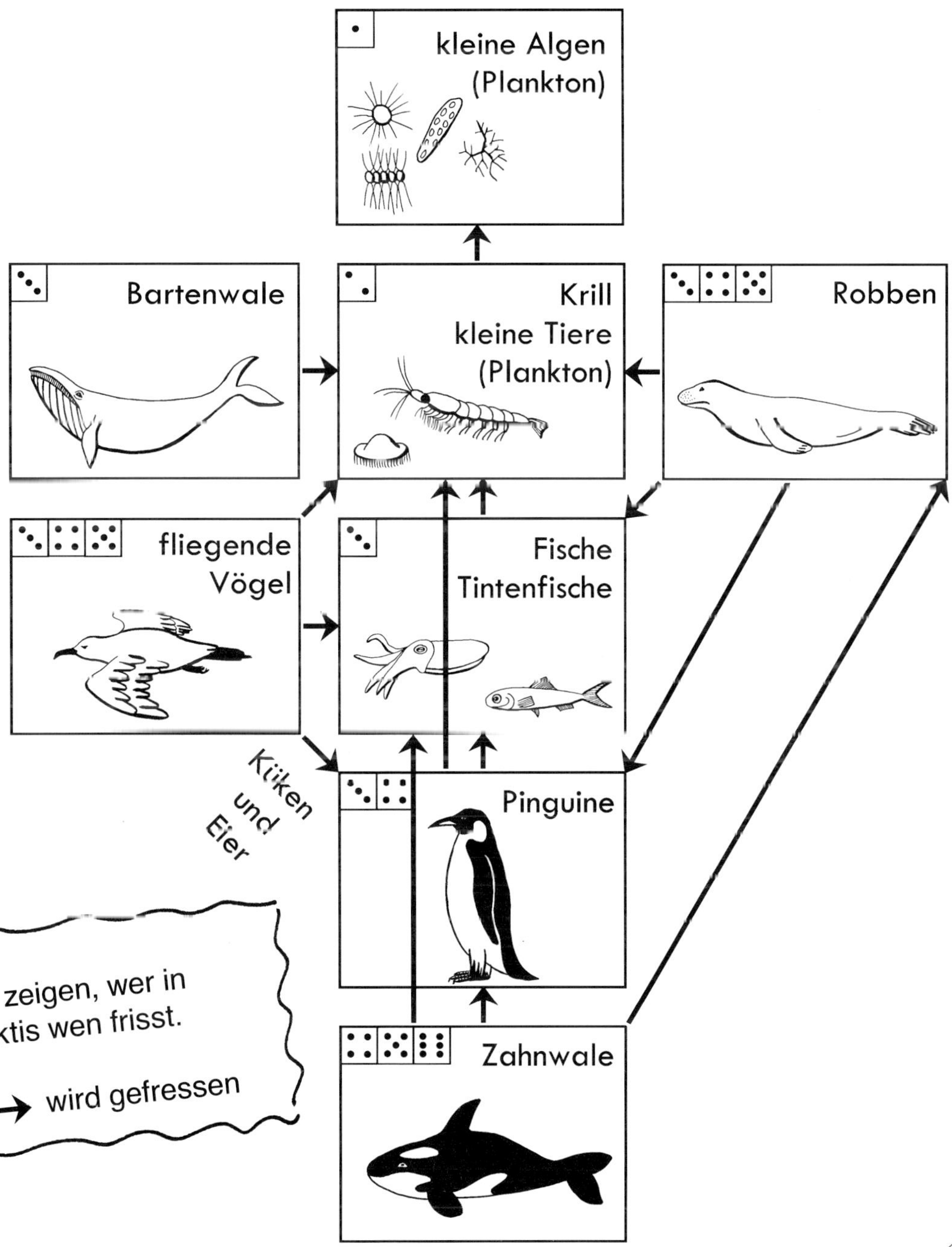

Die Pfeile zeigen, wer in der Antarktis wen frisst.

frisst → wird gefressen

Das Nahrungsnetz in der Antarktis (2/2)

Lest den Infotext, und schaut euch das Nahrungsnetz auf dem Arbeitsblatt S. 26 an. Beantwortet die Fragen in eurem Heft.

1. Was fressen Pinguine?
2. Wer frisst Pinguine?
3. Warum könnten in der Antarktis ohne das Meer keine Tiere leben?

Spielt das folgende Spiel:

Das brauchst du: Würfel, 2 Spielfiguren, 10 Spielchips, Nahrungsnetz (S. 26)

So geht es:

1. Bildet Paare, und nehmt euch jeder 5 Spielchips.
2. Der Erste würfelt und setzt seine Spielfigur auf ein Feld, an dem die gewürfelte Zahl steht.
3. Der Zweite würfelt und setzt seine Spielfigur ebenfalls auf ein Feld, an dem die gewürfelte Zahl steht, nicht jedoch auf dasselbe Feld wie der Erste. (Ist kein Feld mit der gewürfelten Zahl frei, muss erneut gewürfelt werden).
4. Entscheidet anhand der Pfeile, wer wen frisst. Frisst das Tier, auf dem der eine von euch steht, das Tier (oder die Pflanze), auf dem der andere von euch steht, muss der „Gefressene“ einen Spielchip an den „Fressenden“ abgeben. Frisst keiner den anderen, wird weiter gespielt.
5. Als nächstes würfelt der Spieler zuerst, der zuvor als zweites gewürfelt hat. Spielt das Spiel so lange, bis einer von euch keine Spielchips mehr hat. Der andere ist der Gewinner.

Würfeldiktate:

Fressen und gefressen werden (1/2)

Das brauchst du: Würfel, Schere

So geht es:

1. Bildet Paare, nehmt euch immer gemeinsam ein Arbeitsblatt S. 29, und schneidet es in der Mitte durch. Einer bekommt das Diktat „Fressen …“, der andere das Diktat „… und gefressen werden“.
2. Einer von euch beiden würfelt als Erster. Der Partner diktiert den Satz mit der gewürfelten Zahl, kontrolliert danach, ob alles richtig geschrieben wurde, und verbessert die Fehler. Anschließend würfelt er selbst und lässt sich von dem anderen den gewürfelten Satz aus dem anderen Diktat vorlesen. Der Vorleser kontrolliert wieder.
3. Macht abwechselnd so weiter, bis jede Zahl einmal gewürfelt wurde. Wird eine Zahl zum zweiten Mal gewürfelt, wird weiter gewürfelt, bis die Zahl eines Satzes kommt, der noch nicht im Heft steht.

Die größten Pinguinfeinde:

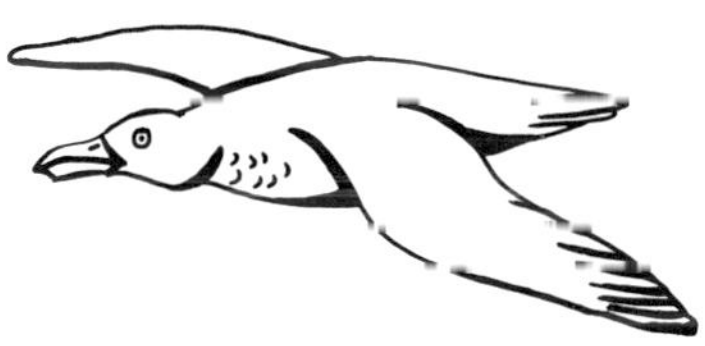
Riesensturmvogel

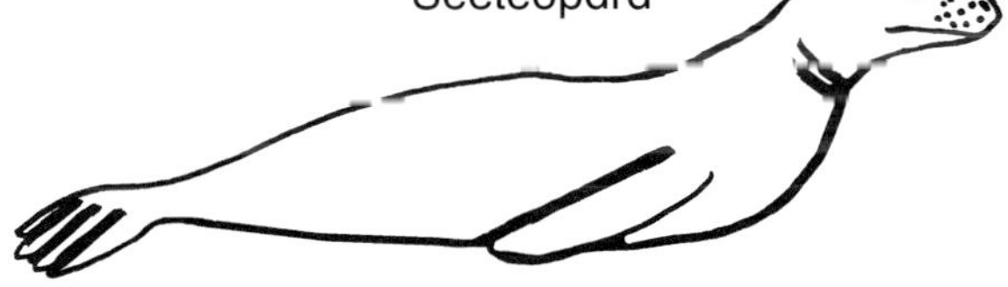
Seeleopard

Raubmöwe (Skua)

Beliebtes Pinguinfutter:

Sardine

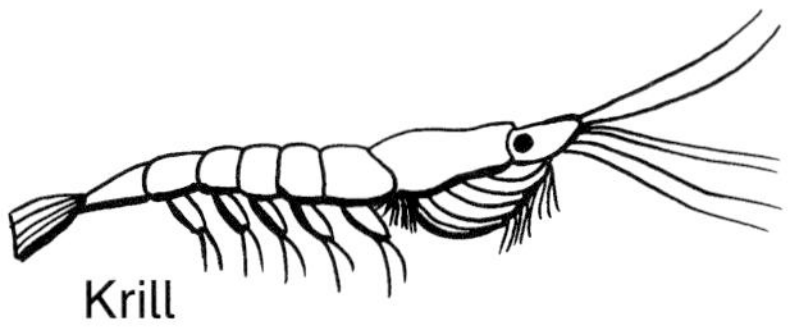
Krill

Tintenfisch

Würfeldiktate:

Fressen und gefressen werden (2/2)

Fressen …

Pinguine fressen nur Tiere aus dem Meer.

Um ihre glitschige Beute besser festzuhalten, haben Pinguine einen hakenförmigen Schnabel mit spitzen Kanten.

Durch dornige Fortsätze auf der Zunge wird die Beute der Pinguine in Richtung Magen geleitet.

Pinguine fressen Schwarmfische, wie Sardinen und kleine Tintenfische.

Antarktische Pinguine fressen Krill, eine leuchtende Krebsart, die riesige Schwärme bildet.

Kaiserpinguine können große Tintenfische erbeuten.

© Verlag an der Ruhr ◆ Postfach 10 22 51 ◆ 45422 Mülheim an der Ruhr ◆ www.verlagruhr.de ◆ ISBN 3-8346-0197-7

Würfeldiktate:
Fressen und gefressen werden (2/2)

… und gefressen werden

Seeleoparden, große Robben mit scharfen Zähnen, lauern Pinguinen in flachen Gewässern auf.

Raubmöwen, die auch Skuas genannt werden, erbeuten Pinguinküken und Pinguineier.

Riesensturmvögel greifen junge Pinguine im Wasser an und wurden auch schon schiffbrüchigen Menschen gefährlich.

Seelöwen mögen zwar auch gerne Krill und Fisch, verschmähen aber auch Pinguine nicht.

Auf dem offenen Meer werden Pinguine von Haien und Schwertwalen erbeutet.

In einigen Gebieten gehören auch Füchse, Wildkatzen und Geier zu den Feinden der Pinguine.

Treibstoffverbrauch eines Adéliepinguins berechnen

Damit Menschen und Tiere leben und sich bewegen können, benötigen sie Energie. Die erhalten sie durch das, was sie essen. Pinguine verbrauchen umso mehr Energie, je größer sie sind und je stärker sie sich bewegen. Je kälter es ist, desto mehr Energie benötigen sie zusätzlich, um den Körper warm zu halten. Den Energieverbrauch pro Sekunde gibt man in Watt an.

INFO

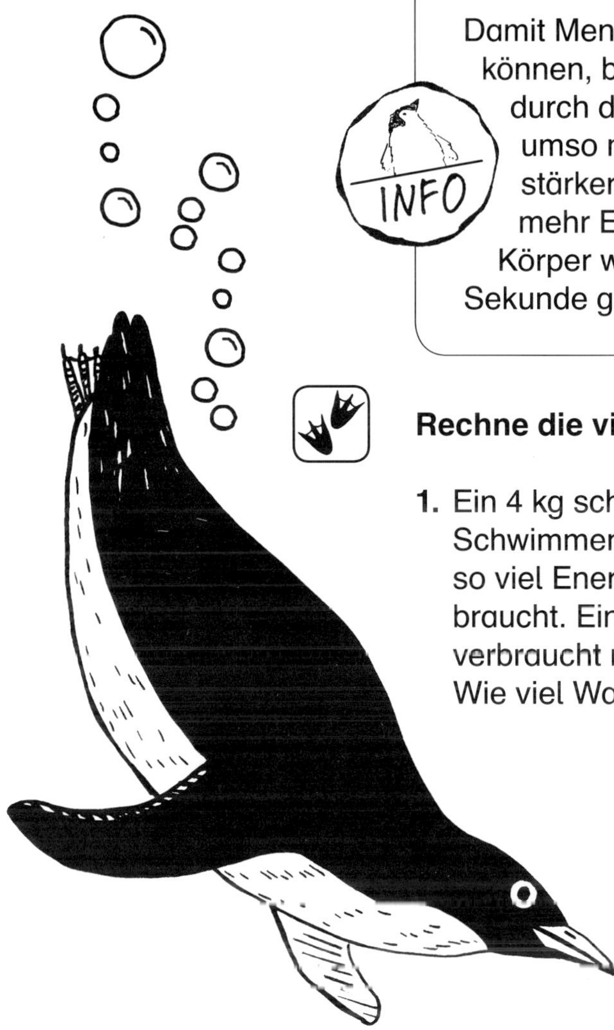

Rechne die vier Aufgaben in deinem Heft aus:

1. Ein 4 kg schwerer Adéliepinguin verbraucht beim Schwimmen in 4°C kaltem Wasser 64 Watt. Das ist etwa so viel Energie, wie eine normale Glühbirne zum Brennen braucht. Ein Pinguin, der sich an Land ausruht, verbraucht nur ein Viertel dieser Energie.
   Wie viel Watt sind das?

2. Ein Pinguin schwimmt in einer Stunde 8 km weit. Um an genug Nahrung zu kommen, muss er jeden Tag 80 km weit schwimmen.
   Wie viele Stunden ist ein Pinguin am Tag auf Nahrungssuche?

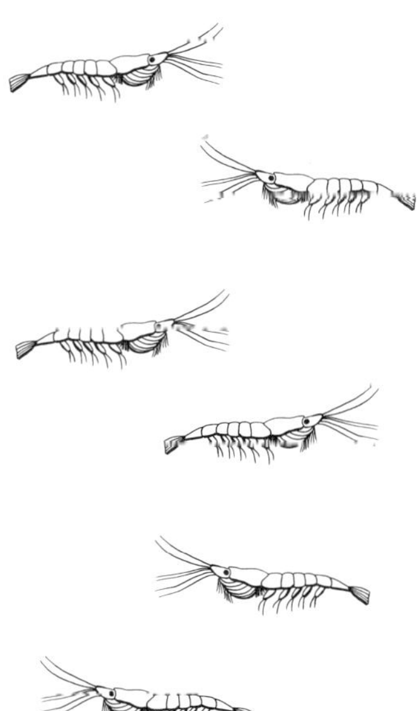

3. Ein vollgefressener Pinguin hat 1 kg Krill im Magen. Wenn er einen Kilometer weit schwimmt, verbraucht er 10 g Krill.
   Wie viele Kilometer weit kommt ein Pinguin mit einer Magenfüllung?

4. Bei einem Pinguin beträgt eine Magenfüllung etwa ein Fünftel seines Gewichtes.
   Ein 60 kg schwerer Mensch müsste

   60 kg : 5 = ________ kg Nahrung

   in seinem Magen tragen können, um sich mit einem Pinguin messen zu können. Ist das möglich?

Pinguinkolonien

Lena hat einen Aufsatz über Pinguinkolonien geschrieben. Er enthält 12 Fehler.

Lies den Text, finde die 12 Fehler, und streiche sie an.

INFO

Pinguine leben in großen Gruppen, so genannten Kolonien. So sind sie besser vor Feinden geschützt. Eine Kolonie umfasst Tausende, manchmal sogahr Hunderttausende von Tieren. Eine Nistplatz sollte nicht zu weit vom Meer entfernt sein, damit nicht zu viel Zait mit Watscheln vertrödelt wird. Am Rande einer Koloni zu leben, ist gefährlich, denn hier wird man am ehesten von Feinden erwischt. In der Mitte der Kolonie ist es eng, und es kommt häufig zu Kämpfen unter den Pinguinen, die ihren Nistplaz verteidigen. Einige, wie zum Beispiel Zügelpinguine, können dabei ser aggressiv werden. Andere, wie die Keiserpinguine, rücken lieber eng zusammen, um sich vor der Kälte zu schütze, und streiten sich kaum. Der Mindestabstand zwischen den Pinguinen ist häufig so groß wie die Reichweite ihrer Flügel. Pinguinpare bleiben manchmal mehrere Jahre lang zusamen. Wenn sie über lengere Zeit getrennt sind, erkennen sie sich an das Gesang wieder. Auch Eltern und Küken erkennen sich an der Stimme.

Schreibe die Antworten zu diesen Fragen in dein Heft:

1. Warum kommt es in vielen Pinguinkolonien zu Streit?
2. Warum kommen heute manchmal Menschen in großen Massen zusammen? Haben sie dieselben Gründe wie Pinguine?

Pinguinnester bauen (1/2)

INFO

Wie Pinguine ihr Nest bauen, hängt davon ab, wo sie leben und welches Material ihnen zur Verfügung steht. Einige Pinguine bauen ihr Nest, ähnlich wie andere Vögel, aus Blättern und Zweigen. Auch menschlicher Abfall wird manchmal in die Nester eingebaut. Kaiser- und Königspinguine bauen kein Nest, sondern brüten ihr Ei auf ihren Füßen aus. Die Pinguine Südamerikas und Südafrikas nisten in fertigen Felsspalten und Höhlen oder graben im Boden selber Löcher. Manchmal besteht der Boden aus dicken Schichten von Pinguinkot. In wärmeren Gebieten schützen solche Nester auch vor der Sonne. Die Adéliepinguine der Antarktis nisten hingegen an Südhängen, um möglichst viel Sonne abzubekommen. Ihre Nester sind aus kleinen Steinchen aufgebaut. Die Pinguine stehlen sich gegenseitig die beliebten Steine aus ihrem Nest und bestrafen sich dafür mit Flügelhieben. Um ungestraft an Steinchen zu kommen, balzen die Weibchen mit fremden Männchen und lenken so von dem Steinchendiebstahl ab. Manchmal, besonders wenn sie das fremde Weibchen begatten dürfen, rücken die Pinguinmännchen auch freiwillig ein paar Steinchen raus. Da Pinguine ihre Nester nur am Boden bauen können, sind die stärker gefährdet als die Nester anderer Vögel. Es kann zum Beispiel vorkommen, dass Nester aus Versehen von einem See-Elefanten zerquetscht werden.

Schaut euch die Bilder auf S. 33 an, und baut nach der Anleitung dort Pinguinnester. Schreibt passende Textkarten, und beantwortet dabei folgende Fragen:

1. Was für ein Nest schützt Eier und Küken am besten vor Kälte, und warum?
2. In welchem Nest sind Eier und Küken am besten vor Feinden geschützt? Begründe.
3. Welches Nest können Pinguine auch dort bauen, wo es keine Pflanzen gibt? Erkläre.
4. Welches Nest hat ein Pinguin immer dabei?

Pinguinnester bauen (2/2)

Das brauchst du: Gelände mit möglichst verschiedenen Nistmaterialien (Steine, Zweige, Blätter, Gras, Moos, gereinigter Abfall), Schaufel, ausgeblasene Hühnereier oder Plastikeier, Kamera, Pinguinbücher

So geht es:

1. Lest den Text auf S. 32, und informiert euch in Pinguinbüchern genauer über den Nestbau bei Pinguinen.
2. Baut Pinguinnester aus unterschiedlichen Materialien.
3. Legt in jedes Nest ein oder zwei Eier, und fotografiert die Nester. Macht auch ein Foto, bei dem einer von euch ein Ei auf seinen nackten Füßen balanciert wie die Königs- und Kaiserpinguine.
4. Stellt die Fotos mit den Nestern und den Textkarten in eurem Klassenzimmer aus. Schreibt dazu, welche Pinguinarten welche Nester bauen.

Nistloch, selbstgegraben im Boden oder fertig im Fels

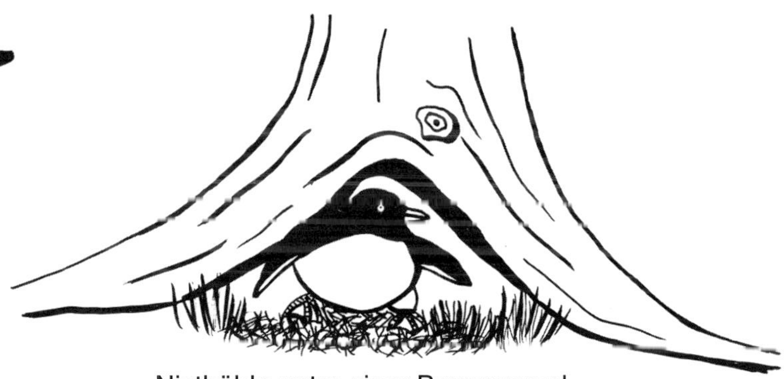

Nisthöhle unter einer Baumwurzel

Pinguinfüße als Nest

Nest aus Steinen, Abfall und Gras

Nest aus kleinen Stöcken

Brut bei klirrender Kälte

INFO

Ende März, wenn in der Antarktis der Winter beginnt, wandern die Kaiserpinguine vom Meer zu ihren Brutplätzen auf dem Eis. Wenn sie müde werden, legen sie sich auf den Bauch und rodeln, indem sie sich mit den Flügeln abstoßen. Sobald sie ankommen, beginnt die Partnersuche. Bis zur Paarung haben Männchen und Weibchen noch ein wenig Zeit, miteinander zu tanzen und sich gegenseitig ihren Gesang einzuprägen. Man nennt das „balzen“. Ein paar Tage nach der Paarung legt das Pinguinweibchen ein Ei. Sehr vorsichtig bugsiert es dieses auf die Füße des Männchens. Dann geht es mit den anderen Pinguinfrauen zusammen zum Meer, um sich dort so richtig satt zu fressen. Die Männchen bleiben alleine zurück. Zwei Monate müssen sie nun mit dem Ei auf den Füßen stehen bleiben und es mit ihrer Bauchfalte warm halten. Drei dunkle Wintermonate, ohne etwas zu fressen, außer Schnee gegen den Durst, in eisiger Kälte von unter –40 °C. Sie rücken eng zusammen, um sich warm zu halten, die Rücken nach außen. Dabei bewegen sie sich langsam weiter, sodass keiner lange außen stehen muss. Mitten im Winter schlüpft das Küken. Der ausgehungerte Pinguinvater hat noch einen Rest Nahrung in seinem Magen aufbewahrt, um es zu füttern, bis die Mutter vom Meer zurückkommt. Der Weg vom Meer zurück zum Brutplatz ist jetzt lang, denn das Packeis rund um die Antarktis ist um diese Zeit Hunderte von Kilometern breit. Das zurückkehrende Weibchen muss nun unter etwa 6000 Pinguinen sein Männchen wiederfinden. Die beiden erkennen sich an ihrem einzigartigen Gesang. Das Weibchen hat in seinem Magen reichlich Futter mitgebracht und würgt einen Teil davon hervor, um das Küken zu füttern. Und das Männchen darf nun endlich zum Meer watscheln und sich satt fressen.

Lies den Text, und schreibe die Antworten zu diesen Fragen in dein Heft.

1. Was würde passieren, wenn:

… die Pinguinmutter die Familie verlassen würde?

… der Pinguinvater die Familie verlassen würde?

2. Kaiserpinguine streiten sich weniger als andere Pinguinarten. Warum ist das so?

3. Ein 39 kg schweres Kaiserpinguinmännchen kann während der Brut nichts fressen und wird jeden Tag 150 g leichter. Wie viel wiegt es, wenn es nach 120 Tagen zum Meer kommt?

Aus dem Leben eines Kaiserpinguinkükens

INFO

Ich bin Max. Seit ein paar Wochen lebe ich zusammen mit vielen anderen Pinguinkindern im Pinguinkindergarten. Hier brauchen unsere Eltern nicht auf uns aufzupassen. Wir sind alle im letzten Juli geboren. Damals war es hier entsetzlich kalt, und wir mussten uns die ganze Zeit unter die Bäuche unserer Väter kuscheln, um nicht zu erfrieren. Jetzt im September wird es langsam heller und wärmer, und wir können alleine bleiben, wenn meine Mutter und mein Vater am Meer sind, um Futter zu holen. Wenn wir uns alle eng zusammenstellen, ist es wärmer, und wir sind sicherer vor Raubvögeln. Wenn meine Eltern wiederkommen, muss ich unser Familienlied singen, damit sie mich wieder erkennen und füttern. Neulich hat ein anderes Pinguinkind versucht, meiner Mutter unser Lied vorzusingen, um an mein Futter zu kommen. Glücklicherweise hat sie es gemerkt und ihm nichts abgegeben. Ich freue mich schon auf den Sommer. Dann fällt mein Kükenpelz aus, und ich bekomme ein Federkleid wie meine Eltern, mit dem ich schwimmen und tauchen kann. Mein älterer Bruder hat es letztes Jahr gar nicht erwarten können, im Meer auf Fischfang zu gehen, und hat sich mit seinem Kükenpelz ins Wasser gestürzt. Er trieb jedoch nur albern an der Wasseroberfläche umher. Die ganze Pinguinkolonie hat sich bei dem Anblick prächtig amüsiert.

Vergleiche den „Pinguinkindergarten“ mit einem „Menschenkindergarten“, und beantworte für jeden der beiden Kindergärten die drei Fragen in deinem Heft.

1. Warum sind die Kinder dort?
2. Wie alt sind die Kinder dort?
3. Wer passt auf die Kinder auf?

Eine Pinguinfamilie entsteht

Lies die Texte auf den Arbeitsblättern S. 34/35. Schaue dir die Bilder auf dieser Seite an, und nummeriere sie in der richtigen Reihenfolge von 1–7 durch. Schreibe zu jedem Bild eine passende Bildunterschrift auf.

Sport und Spiel mit Kaiserpinguinen

Eier balancieren

INFO

Kaiserpinguinväter müssen zwei Monate ausharren und das Ei auf ihren Füßen balancieren. Dabei bewegen sie sich langsam vorwärts. Wenn das Ei auf das Eis fällt, gefriert es, und das Küken darin stirbt.

Das brauchst du: Bälle (so viele wie Mitspieler)

So geht es:

1. Stellt euch nebeneinander auf, und klemmt euch jeder einen Ball zwischen die Fußknöchel, sodass er den Boden nicht berührt.
2. Bewegt euch jetzt zur gegenüberliegenden Seite des Klassenzimmers.
3. Wer seinen Ball verliert, scheidet aus. Wer zuerst die gegenüberliegende Wand erreicht hat, hat gewonnen.

Gesänge wiedererkennen

INFO

Kommt eine vollgefressene Pinguinmutter vom Meer zurück, erkennt sie ihr Küken an seinem Gesang. Um an das Futter in ihrem Magen zu kommen, versuchen jedoch auch fremde Küken, diesen Gesang nachzumachen.

Das brauchst du: Tücher zum Verbinden der Augen, viele Papierfische

So geht es:

1. Bildet Paare. Jedes Paar besteht aus Pinguinmutter und Pinguinküken. Überlegt euch eine Erkennungsmelodie, und übt sie zusammen ein.

3. Die Pinguinküken stellen sich im Kreis auf. Die Pinguinmütter nehmen sich drei Fische, lassen sich die Augen verbinden und in die Mitte des Kreises führen.

4. Nun beginnen die Pinguinküken, die einstudierte Melodie zu singen. Die Pinguinmütter gehen dreimal den Kreis von Küken ab und geben ihrem Küken in jeder Runde einen Fisch in die Hand. Die Küken können auch versuchen, die Melodie eines anderen Kükens nachzusingen und so an den Fisch einer fremden Mutter zu kommen.

5. Gewonnen hat das Paar, dessen Küken am Ende die meisten Fische bekommen hat.

Treue bei Pinguinen

INFO

Pinguine leben als Paare zusammen. Sie brüten zusammen und ziehen ihre Jungen gemeinsam auf. Das ist wichtig, denn unter den harten Bedingungen des antarktischen Winters kann ein Tier alleine das nicht schaffen. So wechseln sie sich bei der Brut und der Beschaffung von Futter ab. Bei den Kaiserpinguinen übernimmt das Männchen gar die gesamte Brutperiode. Die Treue der Pinguine währt jedoch häufig nur ein knappes Jahr lang, bis das Küken selbstständig ist. Im darauf folgenden Jahr finden sich die Paare neu zusammen. Es gibt allerdings auch treuere Pinguinarten, wie die Gelbaugenpinguine, von denen einige über sieben Jahre lang mit demselben Partner zusammen brüten. Innerhalb einer Brutperiode gehen Pinguine in der Regel nur sehr selten fremd. Adéliepinguinweibchen lassen sich jedoch manchmal von fremden Männchen begatten und erhalten als „Bezahlung“ Steinchen für ihren Nestbau. Ein besonderer Fall von Pinguintreue konnte im Zoo von Bremerhaven beobachtet werden. Dort herrschte Weibchenmangel, und es bildeten sich homosexuelle Paare aus jeweils zwei Männchen. Die blieben auch zusammen, als aus einem anderen Zoo Weibchen eingeführt wurden.

Löse die folgenden Aufgaben in deinem Heft:

1. Lies den Text über „Treue bei Pinguinen“, und schreibe einen kleinen Text über: „Treue bei Menschen“.
2. Wann lassen sich die meisten Pinguine „scheiden“?

   a) nach etwa einem Jahr
   b) nachdem das Küken geschlüpft ist
   c) nach etwa sieben Jahren

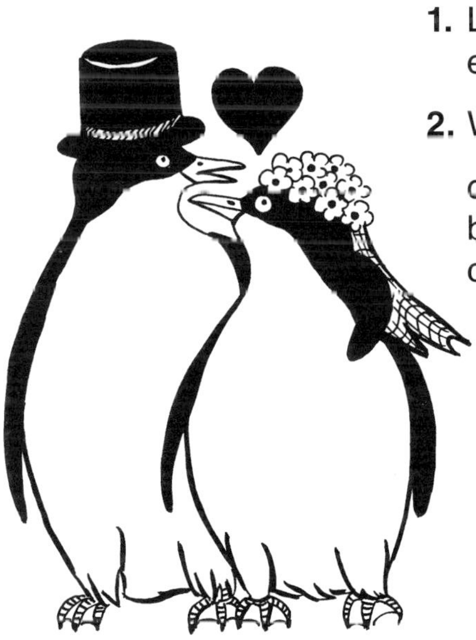

Wärmebild eines Pinguins

Die antarktischen Pinguine müssen Temperaturen von unter – 40°C aushalten. Diese Temperaturen fühlen sich noch niedriger an, wenn es dazu auch noch stürmt. Dennoch sind Pinguine im Inneren ihres Körpers etwa so warm wie Menschen. Ein dichtes Federkleid und eine dicke Speckschicht schützen sie vor der Kälte. Die Füße sind jedoch ungeschützt und stehen direkt auf dem eisigen Untergrund. Damit über sie nicht so viel Wärme verloren geht, werden sie kühler gehalten als der Rest des Pinguins. Hier siehst du das Wärmebild eines Pinguins. Je höher die Zahl (1– 6), desto wärmer ist die Oberfläche des Pinguins an dieser Stelle.

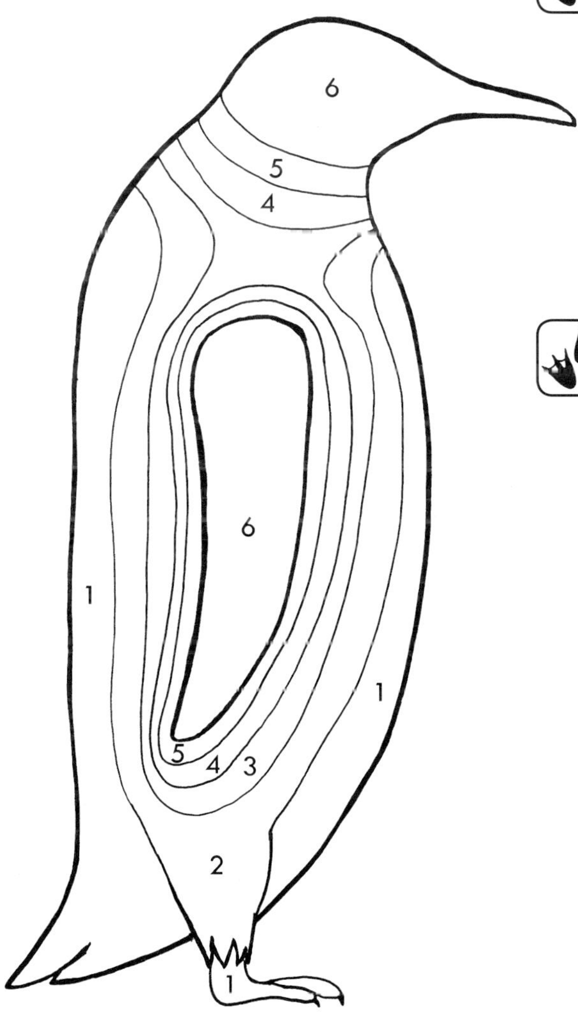

Male den Pinguin nach Zahlen aus.

1 = Dunkelblau
2 = Hellblau
3 = Grün
4 = Gelb
5 = Orange
6 = Rot

Schreibe auf:

1. An welchen Stellen ist der Pinguin außen kalt?

____

2. An welchen Stellen ist der Pinguin außen warm?

____

3. Wo schmilzt eine Schneeflocke schneller? Kreuze an:

❑ auf dem Kopf des Pinguins

❑ auf dem Rücken des Pinguins

Bilderrätsel zum Gefieder

Löse die Bilderrätsel, und trage die Lösungswörter in den Text ein.

Das (1) ______________________ eines Pinguins besteht aus zwei Schichten. Direkt am Körper liegen Daunenfedern, die aufgeplustert werden können.

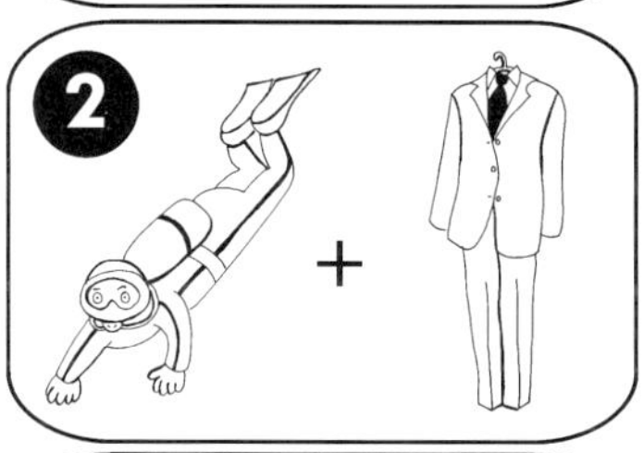

So halten sie an Land besser warm. Darüber befindet sich ein wasserdichter (2) ______________________.

Das sind Federn, die wie (3) ______________________ übereinander liegen und regelmäßig gefettet werden.

Das Öl dafür stammt aus einer Drüse an der (4) ______________________ des Pinguins.

Einmal im Jahr, in der (5) ______________________, wechseln alle Pinguine ihr Gefieder. In dieser Zeit können sie nicht schwimmen und Futter aus dem Meer holen. Dabei nehmen die Pinguine stark ab.

Pinguinküken tragen ein reines (6) ______________________ ________. Sie sehen damit völlig anders aus als die erwachsenen Pinguine derselben Art.

Es schützt sie gegen (7) ______________________, aber sie können nicht damit schwimmen.

Was können Pinguine?

Pinguine haben erstaunliche Fähigkeiten. Sieben davon sind hier aufgelistet. Aber Vorsicht – es haben sich auch fünf Fehler eingeschmuggelt!

Überlege, was Pinguine können und was nicht. Kreise die Zahlen von den Dingen, die Pinguine können, grün ein und die Zahlen von Dingen, die Pinguine nicht können, rot.

Pinguine können …	
… so tief tauchen, wie die höchsten Häuser der Erde hoch sind (über 500 Meter).	12
… mit ihrer Körperwärme in einer Stunde einen Eisberg schmelzen.	17
… mehr als 100 Tage lang überleben, ohne etwas zu essen.	7
… Löcher buddeln, um Nester zu bauen oder an Nistmaterial zu kommen.	15
… mit Salzwasser ihren Durst löschen.	35
… tausend Meter weit springen.	2
… Eier kilometerweit auf ihrem Kopf balancieren.	6
… gabelähnliche Werkzeuge zum Zerlegen von Fisch herstellen.	5
… sich anhand von Sonne, Sternen und dem Magnetfeld der Erde orientieren.	19
… ihren Partner aus Tausenden von Pinguinen am Gesang wiedererkennen.	9
… Nahrung im Magen wochenlang für ihre Küken frisch halten.	3
… ihrem Partner von etwas erzählen, was zuvor stattgefunden hat.	20

Kontrolliere deine Überlegungen, indem du die eingekreisten Zahlen addierst.

Dinge, die Pinguine können (grün eingekreiste Zahlen):

____ + ____ + ____ + ____ + ____ + ____ + ____ = 100

Dinge, die Pinguine nicht können (rot eingekreiste Zahlen):

____ + ____ + ____ + ____ + ____ = 50

© Verlag an der Ruhr ◆ Postfach 10 22 51 ◆ 45422 Mülheim an der Ruhr ◆ www.verlagruhr.de ◆ ISBN 3-8346-0197-7

Bedrohung von Pinguinen (1/2)

INFO

Schon vor mehreren tausend Jahren hatten Indianer und andere Ureinwohner Pinguinfleisch gegessen und Gegenstände aus Pinguinknochen hergestellt. Im Jahre 1497 entdeckte der portugiesische Seefahrer Alvero Vello als erster Europäer Pinguine. Es handelte sich um Brillenpinguine an der Südspitze Afrikas. In den folgenden Jahren waren Pinguine immer eine willkommene Nahrungsquelle für Seeleute und retteten nicht wenige vor dem Verhungern. Später begann man, Pinguine systematisch auszubeuten. Eier wurden gesammelt und der Guano (Pinguinkot) als Dünger abgebaut. Die Pinguine selbst wurden, so wie sie waren, eingekocht, um Lampenöl zu gewinnen. Mit den Europäern kamen auch bis dahin unbekannte Tiere auf Pinguininseln und wurden zur Gefahr für die Pinguine. Katzen fraßen Küken, Rentiere zertrampelten Eier, und Kaninchen unterhöhlten das Gelände. Heutzutage sind Pinguine vor allem durch die Vergiftung der Meere, intensiven Fischfang und die Veränderung des Klimas bedroht. Die Fischereiflotten lassen nicht mehr genug Nahrung für die Pinguine übrig. Öl läuft bei Unfällen aus Tankern aus und verklebt den Pinguinen das Gefieder. Der Mensch schafft es sogar, das Klima zu verändern, sodass es häufiger zu dem Klimaereignis „El Niño" kommt. In diesem Fall ist das Meer vor der Westküste Westamerikas ungewöhnlich warm und enthält zu wenig Futter für die Pinguine. Manchmal brechen auch große Eisberge in der Antarktis ab und versperren den Pinguinen den Weg von ihren Brutgebieten zum Meer. Forscher und Touristen wollen den Pinguinen zwar nichts Böses, stören sie jedoch beim Brüten. So wachsen weniger Küken heran als in Kolonien, die nicht von Menschen besucht werden. Einige Pinguinarten sind inzwischen vom Aussterben bedroht, und man versucht, sie in Zoos nachzuzüchten.

Welche Dinge muss man tun, um Pinguine zu schützen? Schreibe in dein Heft.

Bedrohung von Pinguinen (2/2)

Lies den Text auf S. 42 und löse das Kreuzworträtsel. Schreibe die sechs Buchstaben des Lösungswortes auf die Linien.

Waagerecht

1. Vorname des ersten europäischen Entdeckers der Pinguine.
2. Hier sind Pinguine geschützt, aber gefangen.
3. W _ _ _ _ Meeresströmungen, die bei „El Niño“ herrschen.
4. Könnten Pinguine dieses, wären sie den Menschen häufiger entwischt.
5. Erste, von Europäern entdeckte Pinguinart aus Afrika.
6. Ausgesetzte Kaninchen gruben auf Pinguininseln nicht nur eins davon.
7. Diese Schiffe verschmutzen häufig das Meer mit Öl.
8. Möchten glückliche Pinguine in der Natur beobachten.

Senkrecht

a) Versuch, bedrohte Pinguine im Zoo zu vermehren.
b) Kontinent mit Brillenpinguinen.
c) Kalte Brocken, die den Pinguinen den Weg versperren.
d) Grund für das Interesse halbverhungerter Seeleute an Pinguinen.
e) Verklebt das Gefieder der Pinguine.
f) Klimaerscheinung mit warmem Meer.
g) Als Dünger beliebter Vogelmist.
h) Wurden millionenfach von Menschen aus Pinguinnestern gesammelt.
i) Heimatland des europäischen Entdeckers der Pinguine.
j) Davon lassen Menschen den Pinguinen im Meer zu wenig übrig.

Ö = OE

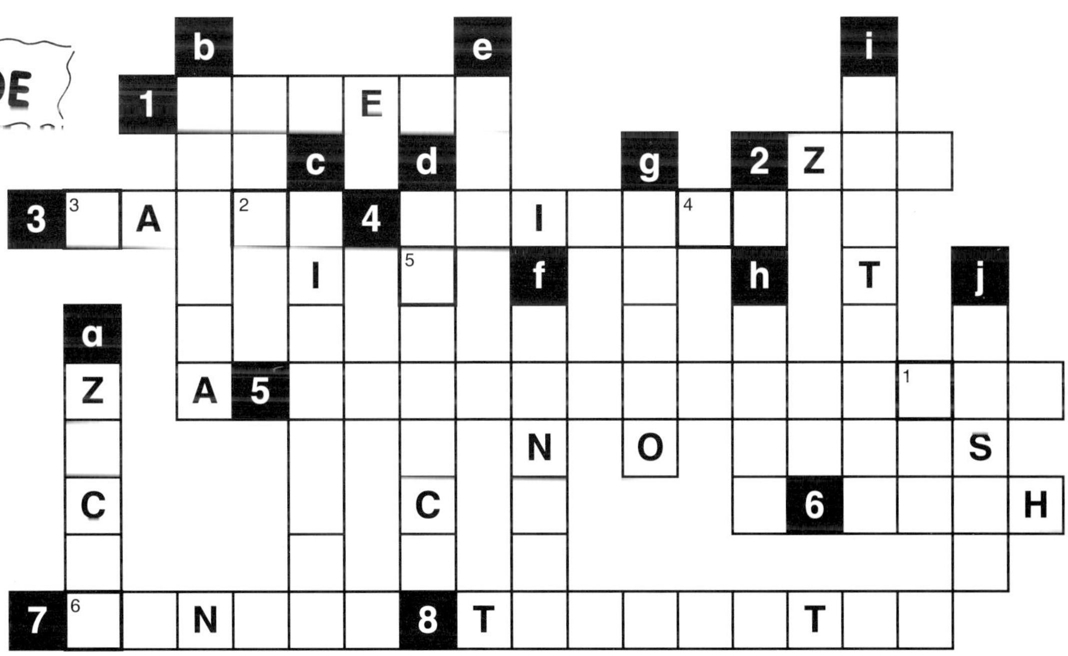

Früher schädigte der Mensch die Pinguine direkt, indem er sie tötete, heutzutage schädigt er sie durch Zerstörung ihrer ______ ______ ______ ______ ______ ______

Pinguinnamen

Wer eine Pinguinart als erstes sieht, ist ihr Entdecker und darf ihr einen Namen geben. Hier kannst du lesen, wie einige Pinguinarten an ihre Namen kamen. Trage jeweils die richtige Art in die Sätze ein.

Adéliepinguin, Eselspinguin, Zwergpinguin, Felsenpinguin, Galapagospinguin, Kaiserpinguin, Kronenpinguin, Humboldtpinguin

Der ___ A ___ ___ ___ ___ PINGUIN ist der größte und daher nach dem mächtigsten Herrscher benannt.

Der ___ ___ E ___ ___ PINGUIN schreit wie ein bekanntes, graues Huftier.

Der ___ ___ ___ ___ ___ ___ ___ O ___ PINGUIN lebt nur auf den Inseln mit diesem Namen.

Der ___ W ___ ___ ___ PINGUIN ist der Kleinste.

Der ___ ___ L ___ ___ ___ PINGUIN klettert auf großen Steinen herum.

Der ___ ___ ___ D ___ ___ ___ ___ PINGUIN wurde nach dem deutschen Naturforscher Alexander von Humboldt benannt.

Der ___ D ___ ___ ___ ___ PINGUIN wurde nach der dicken, schwarz-weiß gekleideten Ehefrau seines Entdeckers benannt.

Der K ___ ___ ___ ___ ___ PINGUIN trägt einen Kranz aus goldenen Federn auf dem Kopf.

Wie würdest du diese Pinguinart nennen, die du soeben im Wald entdeckt hast?

____

Pullover für Zwergpinguine

INFO

Zwergpinguine sind, mit 30 cm Höhe, die kleinsten Pinguine, die es gibt. Sie leben zum Beispiel an der Südküste Australiens. Im Jahre 2001 lief aus einem Tanker Rohöl aus und verschmutzte die Gewässer der Zwergpinguine. Über 200 ölverschmierte Vögel wurden zu einer Auffangstation gebracht. Die Pinguine konnten mit dem verschmutzten Gefieder nicht mehr auf Nahrungssuche gehen und drohten, zu erfrieren, da es sie nicht mehr wärmte. Beim Versuch, es mit dem Schnabel zu reinigen, verschluckten sie Öl und vergifteten sich. Schließlich kamen die Leute an der Auffangstation auf die Idee, den Pinguinen kleine Pullover zu stricken, um sie warm zu halten und zu verhindern, dass sie sich putzen. Man startete einen Aufruf im Internet, Pullover für Pinguine zu stricken, und lieferte auch gleich eine Strickanleitung mit. Hunderte von Pullovern trafen schon kurz danach bei der Station ein. Manche mit besonders schönen Mustern, andere in den Farben von Sportvereinen. Nicht nur, dass jeder verschmutzte Pinguin mit einem Pullover versorgt werden konnte. Die Station hat nun auch einen Vorrat an Pullovern, sollte mal wieder ein Unfall passieren.

Male den Pinguinpullover mit einem schönen Muster oder in den Farben deines Sportvereins aus.

Suche dir eine der beiden Aufgaben aus, und bearbeite sie in deinem Heft:

Schreibe eine E-Mail an alle Strickbegeisterten dieser Erde, in der du sie dazu überredest, einen Pullover für einen armen kleinen Zwergpinguin zu schicken.

Oder:
Schreibe eine kleine Geschichte mit dem Thema: „Wie Oma Ilse einen Pullover für den Pinguin Jimmy strickte.“

Pinguinforschung (1/2)

INFO

Da Pinguine keine Angst vor Menschen haben, lassen sie sich gut beobachten, und man kann so eine Menge über sie erfahren:
Um herauszufinden, wie sie sich auf dem Meer verhalten, befestigt man Fahrtenschreiber auf ihnen, die Werte, wie zum Beispiel die Geschwindigkeit und Temperatur, übertragen.
Ein Satellitensender zeigt zu jeder Zeit den genauen Ort, an dem sich der Pinguin gerade befindet.
Durch die Untersuchung von uraltem Pinguinkot, der sich über Jahrtausende abgelagert hat, kann man etwas über das Alter und die Größe von Pinguinkolonien in der Vergangenheit erfahren.
Fossilien von Pinguinknochen verraten, wo Pinguine in der Urzeit gelebt haben und wie sie aussahen.

Nimm dir das Arbeitsblatt Pinguinforschung von Seite 47. Hier findest du eine Karte, die dir zeigt, wo sich der Pinguin zu bestimmten Uhrzeiten aufgehalten hat. In der Tabelle darunter siehst du, welche Temperaturen und welche Geschwindigkeiten zu diesen Zeiten aufgezeichnet wurden. Bedenke, dass es an Land wärmer ist als im Meer.

Stelle fest, was dieser Pinguin an diesem Vormittag getrieben hat. Überlege, zu welcher Uhrzeit er welcher Tätigkeit nachgegangen ist, und trage die Buchstaben (A–F) in die Tabelle ein.

Tätigkeit (A–F)
- **A** flieht schnell vor Seeleopard
- **B** schläft an Land
- **C** lässt sich auf dem Meer treiben
- **D** schwimmt zügig, auf der Suche nach Beute
- **E** zerhackt den Fahrtenschreiber mit dem Schnabel
- **F** watschelt zum Meer

Pinguinforschung (2/2)

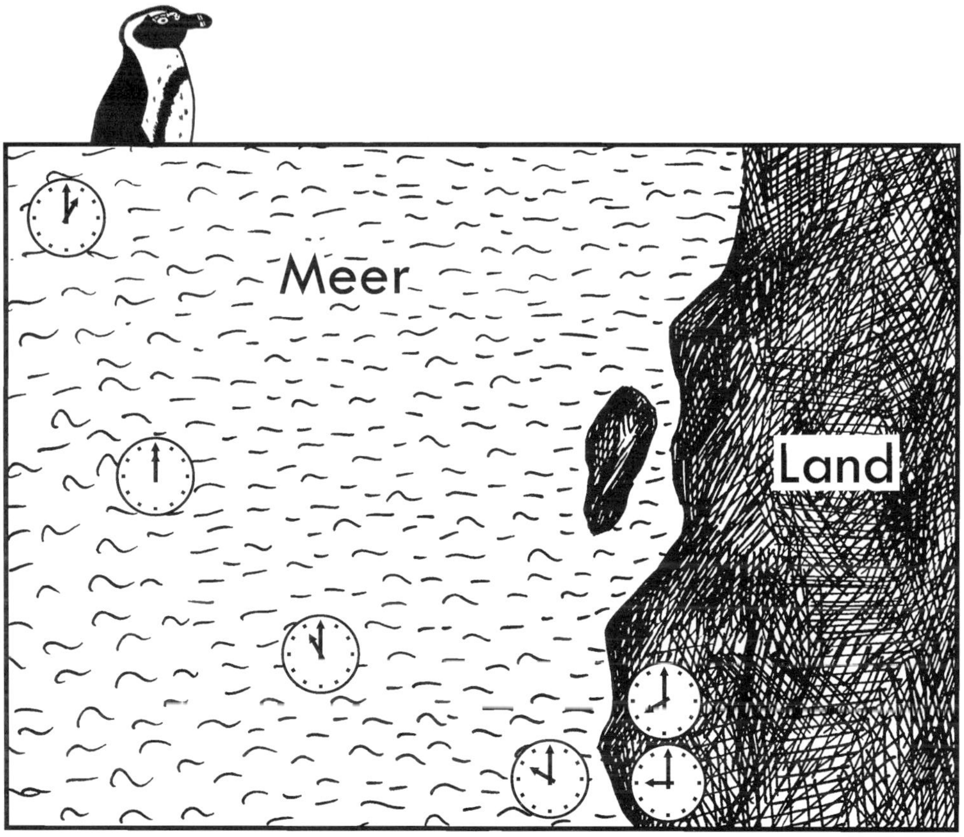

°C = Grad Celsius
km/h = Kilometer pro Stunde

Uhrzeit	Temperatur	Geschwindigkeit	Tätigkeit
	15°C	0 km/h	
	16°C	3 km/h	
	7°C	20 km/h	
	6°C	1 km/h	
	5°C	8 km/h	
	Fehler	Fehler	

Geschichten über Pinguine

Märchen

Ein Märchen ist eine fantastische Geschichte, die kaum etwas mit der Wirklichkeit zu tun hat. Es gibt ein Märchen darüber, warum Pinguine nicht fliegen können: Auf einem großen Tanzfest wollten die Frauen der Teufel nur mit den Pinguinen tanzen. Über alle anderen Vögel machten sie sich lustig. Die anderen Vögel waren eifersüchtig und rupften den Pinguinen alle Federn von den Flügeln. Die Pinguine konnten nun nicht mehr fliegen. Als sie sich jedoch aus Verzweiflung ins Meer stürzen wollten, merkten sie plötzlich, dass sie schwimmen konnten.

Moderne Sage

Eine Sage erhebt den Anspruch, wahr zu sein, aber in Wirklichkeit stimmt immer nur eine Kleinigkeit. Es gibt viele moderne Sagen, die immer wieder erzählt werden, obwohl es für sie keine Beweise gibt. Sie werden jedoch geglaubt, da der Erzähler behauptet, diese Geschichte wäre einem entfernten Bekannten oder Verwandten wirklich passiert. Es gibt eine moderne Sage über Pinguine, die besagt, dass Pinguine, wenn sie von einem Flugzeug oder Hubschrauber überflogen werden, umfallen, weil sie nach oben schauen und sich dabei zu weit nach hinten lehnen. (Forscher haben gezielt Pinguinkolonien überflogen und festgestellt: Kein einziger Pinguin fiel um!)

Schreibe entweder das Märchen oder die moderne Sage ausführlich in dein Heft. Beginne wie folgt:

Märchen: Es war einmal ein großes Tanzfest, auf dem die Teufel und alle Vögel eingeladen waren …

Moderne Sage: Ein Freund meines Vaters, der Pilot auf den Falklandinseln gewesen war, berichtete …

Menschliche Pinguine

INFO

Pinguine sind besonders beliebte Tiere. Daher werden sie oft vermenschlicht, das heißt, wie Menschen dargestellt. Sie laufen aufrecht wie Menschen und wirken durch ihren Watschelgang etwas tollpatschig, aber sympathisch. Die schwarz-weiße Farbe wird dabei häufig mit dem Frack eines Kellners oder der Tracht einer Nonne verglichen.

Bearbeite die folgenden Aufgaben in deinem Heft.

1. Welche Bücher, Comics, Filme oder Werbungen kennst du, in denen Pinguine vorkommen?
2. Woran siehst du, dass die Tiere auf diesem Bild vermenschlicht sind?

Überlege dir eine Sache (ein Produkt), für die man gut mit einem Pinguin Werbung machen kann. Zeichne mit Buntstiften ein Werbeplakat mit:

- dem Namen des Produktes, für das du Werbung machst.
- einem Spruch, der die Leute dazu bringen soll, das Produkt zu kaufen.
- einer Zeichnung von einem Pinguin mit dem Produkt.

Lösungen

Kapitel 1

S. 8: Gefälschte Pinguinfotos
1. Pinguine können nicht fliegen.
3. Pinguine und Eisbären leben in verschiedenen Regionen.
4. Pinguine fressen Meerestiere und keine Früchte.

S. 9: Pinguin-Länder-Suchsel
Länder, in denen Pinguine leben:

A	R	G	E	N	T	I	N	I	E	N
U	X	I	N	D	I	E	N	R	U	E
S	Ü	D	A	F	R	I	K	A	K	U
T	V	S	B	I	S	L	A	N	D	S
R	C	H	I	N	A	P	N	Q	P	E
A	L	I	M	N	A	O	A	P	E	E
L	Z	N	E	C	U	A	D	O	R	L
I	N	A	M	I	B	I	A	L	U	A
E	A	B	C	D	K	E	F	E	K	N
N	O	R	W	E	G	E	N	N	H	D

Länder, in denen keine Pinguine leben:

A	R	G	E	N	T	I	N	I	E	N
U	X	I	N	D	I	E	N	R	U	E
S	Ü	D	A	F	R	I	K	A	K	U
T	V	S	B	I	S	L	A	N	D	S
R	C	H	I	N	A	P	N	Q	P	E
A	L	I	M	N	A	O	A	P	E	E
L	Z	N	E	C	U	A	D	O	R	L
I	N	A	M	I	B	I	A	L	U	A
E	A	B	C	D	K	E	F	E	K	N
N	O	R	W	E	G	E	N	N	H	D

S. 11: Pinguin-Zahlenpuzzle
17 2 12
39 42 50

S. 12: Das Wort Pinguin
1. alphabetisch sortiert
2. von hinten nach vorne
3. steht vor dem Spiegel
4. Buchstaben haben Löcher
5. steht auf dem Kopf

S. 16: Die Pinguine im Tierreich
- Dieses Zügelpinguinmännchen hat ein Skelett aus Knochen mit einer Wirbelsäule und gehört deshalb zu den **Wirbeltieren**.
  Es hat Federn und Flügel statt Vorderbeine und gehört daher zu den **Vögeln**. Es kann nicht fliegen, aber prima schwimmen und tauchen und gehört daher zu den **Pinguinen**. Es hat ein schwarzes Band unter dem Kopf und
  gehört daher zu den **Zügelpinguinen**.
- 3. Lehrer(in), 4. Qualle,
  1. Kaiserpinguin, 2. Schwalbe

S. 17: Was gehört nicht dazu?
Stein: kein Lebewesen
Palme: kein Tier
Regenwurm: kein Wirbeltier, keine Beine, keine Knochen
Wespe: kein Vogel
Delfin: lebt nicht am Land, sondern immer im Wasser
Elefant: läuft nicht auf 2 Beinen
Eisbär: gibt es nicht am Südpol

S. 18: Verwandte Pinguinarten
Pygoscelis: a, c
Aptenodytes: b, g
Eudyptes: d, f
Spheniscus: e, h

S. 20: Pinguine in Südamerika
- Der kleinste der im Text beschriebenen Pinguinarten ist der Galapagospinguin.
- Der Magellanpinguin hat zwei schwarze Streifen auf der Brust, der Humboldtpinguin nur einen. Bei dem Humboldtpinguin sind Teile des Schnabels rosa, beim Magellanpinguin nicht.

S. 21: Painting a Yellow-Eyed Penguin
- It is called yellow-eyed penguin, because it has yellow eyes.
- Gelbaugenpinguin

S. 27: Das Nahrungsnetz in der Antarktis
1. Pinguine fressen Krill, kleine Tiere (Plankton), Fische und Tintenfische.
2. Zahnwale und Robben fressen Pinguine. Fliegende Vögel fressen Eier, Küken und junge Pinguine.
3. Im Meer leben sehr viele Algen und kleine Meerestiere. Von ihnen ernähren sich größere Tiere, die wiederum von noch größeren Tieren gefressen werden. An Land wachsen fast keine Pflanzen, die den Anfang des Nahrungsnetzes darstellen könnten. Ohne das Meer hätte also niemand etwas zu fressen.

S. 30: Treibstoffverbrauch eines Adéliepinguins berechnen
1. 16 Watt
2. 10 Stunden
3. 100 km
4. 12 kg – Nein

S. 31: Pinguinkolonien
Pinguine leben in großen Gruppen, so genannten Kolonien. So sind sie besser vor Feinden geschützt. Eine Kolonie umfasst Tausende, manchmal **sogahr** Hunderttausende von Tieren. **Eine** Nistplatz sollte nicht zu weit vom Meer entfernt sein, damit nicht zu viel **Zait** mit Watscheln vertrödelt wird. Am Rande einer **Koloni** zu leben, ist gefährlich, denn hier wird man am ehesten von Feinden erwischt. In der Mitte der Kolonie ist es eng, und es kommt häufig zu Kämpfen unter den Pinguinen, die ihren **Nistplaz** verteidigen. Einige, wie zum Beispiel Zügelpinguine, können dabei **ser** aggressiv werden.
Andere, wie die **Keiserpinguine**, rücken lieber eng zusammen, um sich vor der Kälte **zu schütze**,

und streiten sich kaum. Der Mindestabstand zwischen den Pinguinen ist häufig so groß wie die Reichweite ihrer Flügel. **Pinguinpare** bleiben manchmal mehrere Jahre lang **zusamen**. Wenn sie über **lengere** Zeit getrennt sind, erkennen sie sich an **das Gesang** wieder. Auch Eltern und Küken erkennen sich an der Stimme.

1. Es kommt zu Streit, weil andere Pinguine einem Nistplatz zu Nahe kommen oder Nistmaterial stehlen.
2. Menschen versammeln sich in großen Gruppen, um zusammen etwas zu erleben (Feste, Konzerte) oder, weil an einigen Orten einfach zuwenig Platz ist (überfüllte Strände oder Einkaufszentren). Sie haben jedoch andere Gründe, als die Pinguine, die zum Schutz vor Feinden in großen Gruppen leben.

S. 32: Pinguinnester bauen

1. Am wärmsten sind Nester aus weichen Pflanzenteilen, wie Gras oder dünnen Zweigen. Die in diesen Nestern eingeschlossene Luft isoliert das von den Pinguinen gewärmte Ei gegen den kalten Untergrund.
2. In einer Nisthöhle unter einer Baumwurzel sind die Eier sehr gut vor Feinden geschützt, weil sie nicht direkt zugänglich sind.
3. Wo es keine Pflanzen gibt, können die Pinguine Nester aus Steinchen bauen oder Nistlöcher buddeln. Auch die Kaiser- und Königspinguine brauchen keine Pflanzen.
4. Der Pinguin hat immer seine Füße dabei.

S. 34: Brut bei klirrender Kälte

1. Das Küken würde verhungern, wenn die Pinguinmutter die Familie verlassen würde. Das Ei/Küken würden erfrieren, wenn der Pinguinvater die Familie verlassen würde.
2. Kaiserpinguine streiten sich weniger, als andere Pinguinarten, weil sie in der großen Kälte zusammen halten und sich gegenseitig wärmen müssen. Wer dabei zu viel streitet, und seinen Nistplatz nach allen Seiten verteidigt, kann nicht überleben.
3. 21 kg wiegt ein Kaiserpinguinmännchen nach 120 Tagen Fastenzeit.

S. 35: Aus dem Leben eines Kaiserpinguinkükens

1. In den Pinguinkindergarten gehen die Kinder, um vor Feinden besser geschützt zu sein und um sich warm zu halten.
2. Die Küken sind alle genau gleich alt (bei Eintritt etwa 1–2 Monate)
3. Niemand passt auf die Kinder auf.

1. In den Menschenkindergarten gehen die Kinder, um mit anderen Kindern zu spielen und etwas zu lernen.
2. Sie sind zwischen 3 und 6 Jahren alt.
3. Erzieher(innen) passen auf die Kinder auf.

S. 36: Kaiserpinguinbilder sortieren

5, 1, 6, 3, 2, 7, 4
auch möglich: 6, 1, 5, 3, 2, 7, 4

S. 38: Treue bei Pinguinen

a) Die meisten Pinguine lassen sich nach etwa einem Jahr „scheiden".

S. 39: Wärmebild eines Pinguins

1. An Rücken, Bauch und Füßen ist der Pinguin außen kalt.
2. An Kopf und Flügeln ist der Pinguin außen warm.
3. Eine Schneeflocke schmilzt schneller auf dem Kopf.

S. 40: Bilderrätsel zum Gefieder

(1) Federkleid, (2) Taucheranzug, (3) Dachziegel, (4) Schwanzwurzel, (5) Mauser, (6) Daunenkleid, (7) Kälte

S. 41: Was können Pinguine

grün: 12 + 7 + 15 + 35 + 19 + 9 + 3 = 100
rot: 17 + 2 + 6 + 5 + 20 = 50

S. 43: Bedrohung von Pinguinen

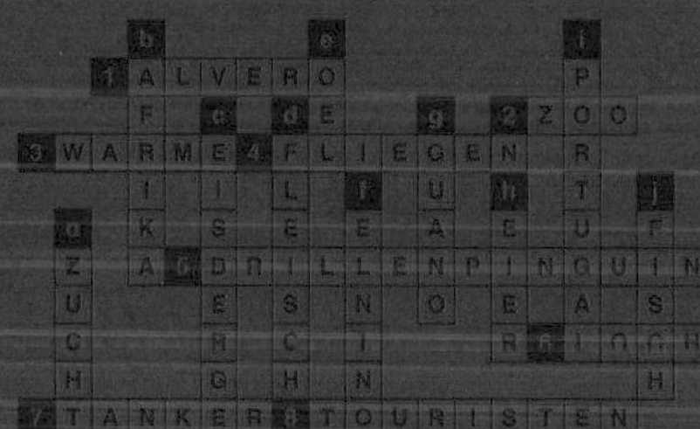

S. 44: Pinguinnamen

Kaiserpinguin, Eselspinguin, Galapagospinguin, Zwergpinguin, Felsenpinguin, Humboldtpinguin, Adéliepinguin, Kronenpinguin

S. 47: Pinguinforschung

8.00 Uhr = B, 11.00 Uhr= C,
9.00 Uhr = F, 12.00 Uhr = D,
10.00 Uhr = A, 13.00 Uhr = E

S. 49: Menschliche Pinguine

1. Beispiele: Fernsehserie: Pingu; Comic: Charly Pinguin aus den Mecki-Comics; Linux-Maskottchen: Pinguin Tux; Eishockeymannschaft: Krefeld-Pinguine …
2. Die Tiere haben eine menschliche Körperhaltung. Auch die Augenbrauen machen sie menschlicher. Sie haben Kleidungstücke an (Fliege, Schuhe) und hantieren mit Gegenständen, die nur bei Menschen vorkommen (Kaffetasse, Tablett, Speisekarte, Zigarette).

Literatur- und Internettipps

Literatur:

Culik, Boris:
Pinguine.
Spezialisten fürs Kalte.
BLV Verlagsgesellschaft, 2002.
ISBN 3-405-16318-8

Culik, Boris:
Pinguine.
Was ist Was, Band 107.
Tessloff, 1999.
ISBN 3-7886-0670-3

Lanting, Frans:
Pinguine.
Taschen, 2003.
ISBN 3-8228-2412-7

Heidenreich, Elke/
Buchholz, Quint:
Am Südpol, denkt man, ist es heiß.
DTV, 2002.
ISBN 3-423-62118-4

Jacquet, Luc:
Die Reise der Pinguine.
Gerstenberg, 2005.
ISBN 3-8067-5097-1

DVD-Video:

Jacquet, Luc:
Die Reise der Pinguine.
Brunnen Verlag GmbH, 2006.
ISBN 3-7655-8593-9

Internettipps:

www.anjaspinguine.de
Umfangreiche Pinguinseite mit vielen Informationen zu Pinguinen, Fotos, Pinguingeräuschen, Literaturtipps, Links und Hinweisen zu Pinguinen in Zoos.

www.pinguine.net
Sehr ausführliche Texte zu Pinguinarten, Lebensweise und dem Verhältnis von Mensch und Pinguin. Dazu einige Nachrichten, Sprüche und Gedichte.

www.diereisederpinguine.de
Die Seite zum gleichnamigen Film mit Bildern und Informationen über den Kaiserpinguin.

www.ozeane.de/news/archive/pengsweater.htm
Bericht über die Pinguinpullover mit einigen Fotos und Strickanleitung.

www.medienwerkstatt.de
Pinguin-Wissenskarten für Kinder der 3. bis 6. Klasse und viele Pinguinfotos.

www.polarfoto.ch
Fotoseite zum Thema Polargebiete mit Pinguinfotos und Hinweisen zur Multivisionsshow „Im Reich der Pinguine".

www.willypuchner.com
Klicken Sie „Fotografie" und danach „Die Sehnsucht der Pinguine" an. Hier finden Sie Fotos aus dem gleichnamigen Buch. Zu sehen sind zwei Polyesterpinguine, die vor touristischen Zielen in aller Welt fotografiert wurden. (Kann z.B. als Erzählanlass verwendet werden). Das Buch selbst ist leider im Buchhandel vergriffen.

www.tara-tamon.de
Webseite der Autorin Tara Tamon mit einer ganzen Reihe von frechen Pinguingedichten.

www.verlagruhr.de
Da sich Internetadressen schnell verändern können, finden Sie auf unserer Homepage unter dem Titel „Die Pinguin-Werkstatt" eine stets aktualisierte Linkliste aller Internetadressen aus dieser Mappe.

Ausführliche Infos und Beispielseiten unter www.verlagruhr.de

Kinder lernen Vögel kennen
Ein Arbeitsbuch mit Steckbriefen, Zeichnungen, Bildkarten und Vogelstimmen-CD
6–12 J., 202 S., A4, Pb.
(mit vierf. Abb.), mit Audio-CD
ISBN 978-3-8346-0086-8
Best.-Nr. 60086
22,50 € (D)/23,15 € (A)/39,40 CHF

Kinder lernen Waldtiere kennen
Ein Arbeitsbuch mit Steckbriefen, Sachgeschichten, Rätseln, Spielen und Bildkarten
4–8 J., 167 S., A4, Pb.
(mit vierf. Abb.)
ISBN 978-3-8346-0244-2
Best.-Nr. 60244
17,50 € (D)/18,– € (A)/30,70 CHF

Bildbetrachtung – aktiv
90 Ideen für Grundschulkinder
Kl. 1–4, 112 S., A4, Pb.,
vierfarbig
ISBN 978-3-8346-0299-2
Best.-Nr. 60299
19,50 € (D)/20,–€ (A)/34,20 CHF

Zeichnen mit der Schere
Annäherungen an Henri Matisse
Kl . 1–4, 98 S., A4, Spiralb.,
mit Audio-CD
ISBN 978-3-8346-0288-6
Best.-Nr. 60288
24,80 € (D)

Wasser erleben und erfahren
Eine Wasser-Werkstatt für Klasse 1/2
Kl. 1–2, 64 S., A4, Papphefter
ISBN 978-3-8346-0147-6
Best.-Nr. 60147
18,50 € (D)/19,– € (A)/32,40 CHF

Wasser erkunden und erfahren
Eine Wasser-Werkstatt für Klasse 3/4
Kl. 3–4, 66 S., A4, Papphefter
ISBN 978-3-8346-0198-8
Best.-Nr. 60198
18,50 € (D)/19,– € (A)/32,40 CHF

Von Schulanfang bis Abschiedsfeier
Schöne Theaterstücke mit wenig Aufwand
Kl. 1–4, 63 S., A4, Papphefter
ISBN 978-3-8346-0248-0
Best.-Nr. 60248
18,50 € (D)/19,– € (A)/32,40 CHF

Die Kunst-Ideen-Kiste für Kinder
Kreativ experimentieren mit neuen Techniken
5–10 J., 169 S., A4 quer, Pb.
ISBN 978-3-8346-0010-3
Best.-Nr. 60010
19,80 € (D)/20,35 € (A)/34,70 CHF

Mehr unter www.verlagruhr.de

Die Kinder-Lernwerkstatt
Wachsen und größer werden
Lernangebote für Kinder von 3 bis 6 Jahren
3–6 J., 58 S., A4, Pb., zweifarbig
ISBN 978-3-8346-0201-5
Best.-Nr. 60201
14,50 € (D)/14,90 € (A)/25,40 CHF

Kinder entspannen mit Yoga
Von der kleinen Übung bis zum kompletten Kurs
5–10 J., 150 S., 21 x 22 cm, Pb.
ISBN 978-3-8346-0291-6
Best.-Nr. 60291
16,80 € (D)/17,30 € (A)/29,50 CHF

„Ich will nicht, dass die tot sind!"
Die Themen Sterben und Katastrophen mit Grundschulkindern
Kl. 1–4, 97 S., A4, Pb.
ISBN 978-3-8346-0253-4
Best.-Nr. 60253
19,– € (D)/19,50 € (A)/33,30 CHF

Stille Träume
Fantasiereisen für Kinder mit Arbeitsblättern und CD
5–10 J., 69 S., A4, Pb. mit CD
ISBN 978-3-8346-0254-1
Best.-Nr. 60254
20,– € (D)/20,50 € (A)/35,– CHF

Informationen und Beispielseiten unter www.verlagruhr.de
Verlag an der Ruhr • Postfach 10 22 51
45422 Mülheim an der Ruhr

Bitte richten Sie Ihre Bestellung an:
Verlag an der Ruhr • Tel.: 0208 – 49 50 40
Fax: 0208 – 495 0 495 • bestellung@verlagruhr.de
Es gelten die aktuellen Preise auf unserer Internetseite.